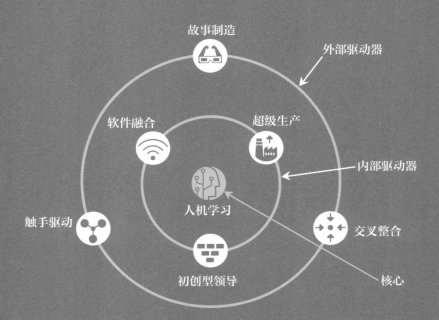

特斯拉模式

LE MODÈLE
TESLA

DU TOYOTISME AU TESLISME

从丰田主义到特斯拉主义

埃隆·马斯克的工业颠覆

la disruption d'Elon Musk

〔法〕迈克尔·瓦伦丁 / 著
Michaël Valentin

陈明浩 / 译

社会科学文献出版社
SOCIAL SCIENCES ACADEMIC PRESS (CHINA)

目　录

特斯拉主义的七大原则

图目录

前　言

　　近年来，工业界正经历一场强大的变革浪潮，工业逐渐与数字技术相结合，并催生出一种新的范式。在这种范式中，服务与产品深度融合，以满足 21 世纪的新需求。智能手机变成人类大脑必不可少的附件，受其影响，当代消费者蜕变成处于超级连接状态的用户，他们对产品的需求已上升到非物质层面：即时性、使用舒适度、量身定制、合作、分享、责任……

　　为扩大发展空间，工业和普通经济领域必须面对数字领域带来的巨大挑战。其一，日益加快的技术进步与工业界整体能力的提升速度不相匹配；其二，"颠覆"现象。新入局者通过全新的商业模式得以快速占领市场，从而导致价值、人才和资源的高度集中。这是千载难逢的机遇，而机遇背后却暗藏着社会、地理和环境的压力与风险。因此，旧势力不得不保持高度警惕。新势力的巨大冲击涉及技术、经济和社会层面，于是，有人提出，新的工业革命，即第四次工业革命，已经到来。但为何聚焦在工业领域？现如今，工业只占全球国内生产总值（GDP）的 16%，而且在大部分富裕国家这一比例还在稳步下降。但事实上，工业属于关键领域，这 16% 实际上催生了全球 70% 的进出口量以及 77% 的研发工作。[①]

　　意识到这些新挑战后，全球主要工业国家已逐步采取措施，制定国家战略，在投资、创新、培训和组织架构等方面，支持具有战略意义的行业。德国于 2011 年开始实施工业 4.0 计划，成为全球先锋，并引领其他主要工业国效仿，例如法国。在法国，无论是地方，还是中央，各级政府已经行动起来，陆续出台计划，以此推动"未来工业联盟"（l'Alliance pour l'Industrie du Futur）及"全国工业委员会"（Conseil National de l'Industrie）的成立，从而实现在国家层面对各项倡议进行整合。法国大多数地区积极参与其中，启动支持未来工业的计划，为企业转型提供帮助，为解决方案的提供者构建体系，为管理者搭建网络。而各大工会也为其行业变革提供有针对性的帮助。例如，地方商会积极发挥作用，提供适合当地情况的解决方案清单。法国国家投资银行为最具前景的中小型企业提供支持，助推其发展，同时为方案需求方和有能力提供方案的初创公司牵线搭桥。整体计划已经完善，然而，在法国数以万计的工业企业中，只有

---

① McKinsey Global Institute, *Manufacturing The Future: The Next Era of Global Growth and Innovation*, November 2012.

30 来家扛起了未来工业这面大旗。

　　总体来说，整个工业界（公有或私有）的投入与产出之间存在巨大的鸿沟。从宏观经济层面来看，工业 GDP 略微有所增长，工业领域开始提供新就业岗位；而在微观经济层面，企业变革的速度与时代节奏的加速似乎非常不匹配。从最近的调查结果中便可瞥见一番：法国国家投资银行实验室于 2017 年完成的调查[①] 显示，1800 位企业高管中，70% 的高管认为企业正在改变，只有 10% 的高管认为企业转型节奏比较快。法国如此，其他国家亦然。最近，普华永道在世界经济论坛发布的调查[②] 显示，全球 87 个国家的 1293 位首席执行官（CEO）当中，76%的 CEO 极为关注技术变革的速度，以及适应该速度的能力；而32% 的 CEO 认为，他们所处的行业会受到冲击而最终被颠覆。

　　那么，企业如何扭转这种局势，并加速转型？技术进步速度与企业适应速度之间存在差距的原因至少有三点：

　　首先，人类天生不适应"指数级"思维模式。因为支配我们日常生活的大多数自然法则是线性的，数千年来，我们的大脑已经习惯了这种线性的思维方式。如果个人难以理解技术呈指数级发展的现象，那么企业更是如此。

　　其次，到目前为止，极少数企业能够定义从旧世界到新世

---

① Bpifrance Le Lab, *Dirigeants de PME et ETI face au digital*, 17 janvier 2018.

② PwC, *21st CEO Survey*, 2018.

界转变的正确方法。然而，变革的幅度是巨大的，不可能在毫无准备的情况下完成：要获得最好的技术，投入的资金远远不足。正是出于这一考虑，我们在 2017 年撰写了《明智之举》[①]，该书讲述了一位企业家带领公司向未来工业转型的故事。

最后，目前还没有形成可供参考的示范模式。企业应采取何种策略、运营系统、管理系统以及组织体系？而这个问题的背后，又隐藏着三个主要关键点：如何在一个不断变化且不同行业之间的界限逐渐模糊的世界中找到新的增长点？如何避免被"颠覆"？如何吸引和留住人才？

工业革命的发生需要三个推动力：新技术、新的社会需求以及新的组织模式。新的组织模式与新环境相适应，使新技术有效推动经济的增长。因此，福特主义通过大幅度提高劳动生产率，在第二次工业革命时占据了主导地位。到了第三次工业革命，丰田主义因其精益生产而备受认可和推崇。而到目前为止，第四次工业革命的旗舰模式仍未出现。当然，谷歌（Google）、苹果（Apple）、脸书（Facebook）以及亚马逊（Amazon）四大互联网科技巨头（简称 GAFA）所处的行业并不缺乏领导者和示范模式。但在工业和制造业领域，尚无一家企业获得行业一致的充分认可，引领示范效应难以形成。因此，关键

---

① Valentin Michaël, *The Smart Way. Excellence opérationnelle, profiter de l'industrie dufutur pour transformer nos usines en pépites*, Lignes de Repères, 2017.

问题在于，谁将终结丰田主义，引领第四次工业革命？

本书意在阐述如下观点：第四次工业革命正在进行中，而充分利用这次契机的新系统正在形成。该系统将推动旧工业系统的转变，使其走向与数字技术相结合的道路。埃隆·马斯克创造了这样的系统，他是旧金山著名的工业偶像，是颇具争议又魅力十足的领导者。他的企业特斯拉有与生俱来的新世界基因，它诞生于数字时代，由数字文化哺育，具有新兴科技企业的资本结构。作为 20 世纪初以来美国汽车制造行业诞生的唯一一家新公司，特斯拉市值一度可与福特、雷诺和通用汽车相匹敌，并逐渐显示出行业领导者的气质。第四次工业革命的新模式必定来自兼具数字时代与工业时代双重烙印的新入局者。

当然，这些只是非常宏观的判断，我们将为您深度解读丰田主义的颠覆者——"特斯拉主义"的细节，带您一同了解特斯拉如何基于七个基本原则，应对第四次工业革命的挑战。

然而，像任何系统一样，埃隆·马斯克建造的系统远非完美，在某些方面，它甚至受到广泛的批评。因此，将"特斯拉主义"限定在特斯拉一家公司或许过于狭隘。正如埃隆·马斯克谈到其公司在社会中所扮演的角色时所说，特斯拉自身的影响并不一定显著，但特斯拉或许可以推动全球制造商大力投资电动汽车项目。①

---

①　Fabernovel, *Tesla, Uploading the future*, 2018.

本书的目的不在于宣传特斯拉这个品牌，而是鼓励大家客观地了解特斯拉模式的几大原则，思考这些原则如何指导未来组织系统的构建，然后将其运用到具体情况中。因此，本书的每一个原则介绍都有两部分支撑，一是来源于工业领域其他顶尖企业的案例；二是思考清单，您可以据此就自身情况是否能沿用特斯拉模式进行思考。

第一章
第三次工业革命的尽头："目前为止，还不错"

看 点

- 连续的工业革命以技术进步的指数级加速为标志。

- 正如古印度舍罕王的传说所说明的，人类大脑在理解指数进步方面总有些局限，这也能解释为什么当前的变化会如此令人不安。

- 第二次世界大战后至今这段时期的全球化，以供应链的全球分散、制造业的海外转移和对企业巨人的信仰为标志——所有这些都是在金融市场自由化的背景下进行的。

- 第三个工业时代的结束见证了丰田主义的出现，丰田主义适应了消费者、股东和员工不断变化的需求。

- 今天，丰田主义的运营模型显示了它的局限性。随着能够改变商业模式、竞争格局、消费者习惯和员工期望的数字技术的兴起，诸如适应性、响应能力、定制和有意义的工作等新的需求已经出现。物理对象的世界必须适应充满信息和数据流的世界。

第一章
第三次工业革命的尽头："目前为止，还不错"

看 点

- 连续的工业革命以技术进步的指数级加速为标志。

- 正如古印度舍罕王的传说所说明的，人类大脑在理解指数进步方面总有些局限，这也能解释为什么当前的变化会如此令人不安。

- 第二次世界大战后至今这段时期的全球化，以供应链的全球分散、制造业的海外转移和对企业巨人的信仰为标志——所有这些都是在金融市场自由化的背景下进行的。

- 第三个工业时代的结束见证了丰田主义的出现，丰田主义适应了消费者、股东和员工不断变化的需求。

- 今天，丰田主义的运营模型显示了它的局限性。随着能够改变商业模式、竞争格局、消费者习惯和员工期望的数字技术的兴起，诸如适应性、响应能力、定制和有意义的工作等新的需求已经出现。物理对象的世界必须适应充满信息和数据流的世界。

不久前的一段时期，各个公司都在谈论"快乐的全球化"。在贸易和金融市场自由化的大背景下，运输量急剧增长，供应链迎来爆发。跨国工厂拔地而起，并利用劳动力成本差异，实现地区套利，企业崇尚规模至上以实现规模经济。与这一时期相适应的组织模式——丰田主义，后又称"精益生产"顺势而出。丰田主义得以提高产品质量，缩短生产周期，降低存货水平，这些都有利于公司降低对运营资金的需求。然而，这种模式随着数字时代的到来而变得脆而不坚。人们追求即时、透明和意义，新技术呈指数级发展并动摇着传统技能的根基，来自数字世界的竞争者不断涌入，这一切使得当前工业企业的运行模式受到质疑。

1. 创新和工业革命：加速前进，无法阻挡

100 万年前，直立人出现，他们能够直立行走并逐渐学会使用手臂，人和大部分动物开始有了明显的区分。90 万年之后，智人出现，他们开始利用材料制作最早的工具。9 万年后，人类开始驯养动物并耕种土地。9000 年之后，印刷术彻底改变了人类的沟通方式，为文明的世代传播搭建桥梁。700 年之后，人类发明了蒸汽机，那时，一场被后人称为第一次工业革命的运动正在进行，这次运动标志着科技开始以一种人们可以切身感受的速度向前发展。

因为，从那以后，重大科技突破的间隔周期越来越短，以至于祖孙三代人会经历完全不同的世界。而接下来的三个重要阶段只能用"巨大突破"一词形容，期间所发生的变革远远超出了技术范畴，它孕育出新的工作方式，并逐步满足新的社会和经济需求。18 世纪末，第一次工业革命满足了人类对基础设施的需求：建筑得到改善，客运和货运得到发展。蒸汽机促进了工业的机械化，新的工作方式诞生，人类开始学习和机器共事，社会也随之出现新的变化。这个阶段的社会使人不由得联想到埃米尔·左拉在《人面兽心》一书中描写的世界。

让我们继续追随工业进步的脚步，前往下一个交汇点：第二次工业革命。它发生于第一次工业革命发生的 100 年之后。从科学的角度来看，电力的发明标志着第二次工业革命的开始。和第一次工业革命一样，这次革命带来的变化远远超出了发明本身。电力使工厂得以重组，大型中央蒸汽机被大量的小型电力机器代替。工业生产线随之诞生，生产力大幅提升，以满足 20 世纪初开始爆发的大众需求。从社会层面来看，一种新的集体假想伴随着这次革命出现，其中最著名的是查理·卓别林的电影《摩登时代》。流水线生产标志着福特主义时代的来临，这种组织模式以工程师泰勒提出的原理为基础，将任务做专业化的细分，工作效率因此提升了十倍。

60 年之后，一场新的革命又开始悄无声息地展开。随着全球化的到来，第一台计算机的发明开启了机器人技术和工业自动化的发展新征程。在重复的机械劳动和需要大量计算的工作上，相对电脑，人脑甘拜下风。根据摩尔定律（以发明微处理器的著名英特尔公司工程师摩尔的名字命名），集成电路的性能每隔 18 个月便提升一倍。这次工业革命使人类第一次意识到，科技可以呈指数级发展。摩尔定律提出 50 年之后，"一倍论"法则依然有效，存储和计算性能的进步从未止步。如果仔细分析人类创造发明更替的速度，就不难发现其中的指数规律：100万年前，直立人；10 万年前，智人；1 万年前，农业；600 年前，印刷术；300 年前，蒸汽机；100 年前，电力；40 年前，信息技术……10 年前，智能手机！（见图 1.1）

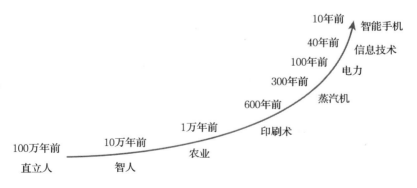

图1.1　人类与科技进步

资料来源：OPEO（作者迈克尔·瓦伦丁创办的咨询公司）。

2. 人脑和指数律

我们习惯于线性思维，这是我们每天生活和学习的方式。古印度舍罕王的传说便体现了人类理解和利用指数规律的困难。

一天，舍罕王对生活感到厌倦，他决定举办一场比赛，谁能为国王找到消遣娱乐的方法，谁就能获得重赏。一位名叫希萨的博学术士决定接受这个挑战。他发明了象棋，并将其呈交给国王。国王被这个新奇的游戏深深吸引，并答应满足希萨的任何需求。希萨请国王在棋盘上的第一格放一粒米，第二格上放两粒米，第三格放四粒米，依此类推，每一格比前一格多放一倍米，一直放满棋盘。但是，当国王的大臣开始履行赏赐承诺时，很快意识到整个王国的大米都不足以填满棋盘的一半。国王认为希萨在捉弄他，并判处他死刑。于是，希萨死了，成为最早因人类不理解指数规律而被处死的受害者之一。

这个传说表明，我们的大脑在理解如此强大的规律时有多么困难。然而，现在，我们生活在第三次工业革命时代，一个受指数增长原则支配的时代。生产飞速发展，以至于一代人便可经历翻天覆地的变化。这也是为什么我们面对如此快的发展速度时，会感到迷茫，并且出现集体不适。在讨论新时代，即第四次工业革命时代之前，我们来更详细地回顾一下第三次工业革命时代的特征：其经济、技术和组织模式具有前所未有的优势和力量，但它的不足之处也渐渐显现出来。

3. 全球化的快乐范式

第二次世界大战结束后，西方世界开始重建，逐渐从基本的农业经济转变为工业经济，再到第三产业经济。20世纪60年代后，由于石油资源日益丰富和贸易壁垒日趋松动，全球贸易开始腾飞。人员和货物运输开始呈现大众化，并飞速发展，尤其是在1989年柏林墙倒塌之后。空运行业的发展是衡量运输业发展的典型事例：根据国际民用航空组织（ICAO）的数据，1950年，乘客数量仅为1000万人，到1970年增长至5亿人，2010年更是达到30亿人。[①] 运输成本的下降为产品产地远离其消费市场创造了条件。

产业转移最初还被认为是天方夜谭，到了20世纪80年代，却在各工业大国如火如荼地展开，并得到以中国为代表的亚洲新兴国家的广泛支持。随着工业信息化的出现，供应链蓬勃发展，生产和运输链变得高度复杂，从零件到成品，越来越精细的产品得以在全球五大洲生产。即便是高科技产品生产企业，在未将其总装厂外迁的情况下，"出口"产生的附加值往往超过

---

① 数据来源：Organisation de l'Aviation Civile Internationale。

总值的 50%。贸易急剧增加，全球供应链体系变得越来越复杂，其必然结果是，工业零部件的运输距离越来越远。

随着金融市场越来越自由化，行业变化幅度越来越大。资本的流动催生出形态多样的集团，与实际经济情况并非完全相符的行业变化使它们或组合在一起，或相互分离。传统制造业开始从西方国家消失。例如，纺织品已经全部转移至海外生产，接着是其他基本消费品，如玩具或基础的电子产品。因阿尔卡特总裁塞吉·特鲁克（Serge Tchuruk）而广为人知的 Fabless 概念[①]，在欧洲流行起来：在一个日新月异的行业中，为何要坚持本土生产低利润的商品？制造业资产的价值对企业整体价值的影响越来越小，其地理分布也越来越取决于新兴国家与发达国家之间的劳动力成本差异。

追逐增长以缓和结构成本，发展供应链以利用世界各地的劳动力成本之差，基于这两点的战略主导模式使企业以整体运营的最佳状态，去实现规模经济并创造价值。这种增长既可以通过内部有机增长的方式实现，也可以通过外延并购而完成，目的都在于扩大规模，实现资产聚合战略。产业链内部的企业越来越互相依赖，每个参与者都希望在其核心业务上保持优势，以确保利润。

---

① 指只专注于芯片设计、无制造业务的无厂半导体公司。——译者注

4. 丰田主义：时势造就

但逐渐地，消费者、股东和员工三方的要求也在不断提高。消费者要求购买的产品更具个性，要求企业的响应更加及时。于是，企业面临的供应链物流风险和工厂快速响应的压力也在增加。同时，随着社会保障基金的出现，股权模式发生变化。对短期盈利和风险规避的需求也在增长，导致企业降低运营资金的压力越来越大。最后，随着社会的发展，第三次工业革命时代的员工也希望自己的呼声得到倾听，并希望接受继续教育和培训。

来自三方的需求叠加在一起，迫使大部分企业开始自我反思。自动化和机器人化在一定程度上减少了艰苦和重复的工作，并部分满足了短期盈利的需求。同时，企业开始采用 ERP（Enterprise Resource Planning，企业资源计划）系统，该系统允许不同部门共享一定的市场数据或整个制造过程中的内部数据，以使供应链更加稳固。

然而，第三次工业革命还缺少一个可以使大型企业和复杂供应链得到有效管理、使运营成本得到有效降低、使终端客户的质量得到良好保障的组织模式。因此，一个新的模式应运而生，其运行原理颠覆了第二次工业革命时代的组织模式（泰勒主义），这便是丰田模式，后又称精益生产、丰田主义。为了应对上述三个挑战，丰田主义推广增值的概念，将客户置于所有内部实践活动的中心。它基于三个系统，首先，准时制，通过减少库存来降低运营资金；其次，质量管理"自衡化"①，追求零缺陷、零返修，以更低的成本确保优质的服务；最后，实行参与式管理，发挥包括操作工在内的所有员工的能力，而不局限于管理层和工程师。

1980~1990 年，丰田模式在世界范围内脱颖而出，之后的40 年，该模式渗透到各个经济层面，在成本控制、生产周期和产品质量上为企业带来了非常可观的收益。即使是今天，这种模式依然十分流行，因为第三次工业革命时代的消费者、股东和员工三方提出的挑战依然存在。那么，为什么还要改变呢？

5. 丰田模式的不足

新旧世界的交替并非一朝一夕之事，两个世界的特征交织共存。第三次工业革命时代的规则依然具有广泛的应用性，而许多重大的改变正在同时发生，各个行业、各家工业企业也或早或晚意识到这些改变。

在这些变化中，最引人注目的无疑是社交网络的飞速发展。一方面，消费者可以即时获取产品、品牌和服务信息；另一方面，信息可以像病毒一样传播和扩散。出现的一个结果便是，

---

① 丰田主义的"自动化"不是我们平常理解的自动化，而是"自衡化"，这个"衡"是"人"＋"自动化"，强调人机结合，是一个日本造的汉字。——译者注

消费者认为他们有权利要求整个工业链中的任何参与者透明化。于是，以优化全球生产成本为目的，根据运输成本和当地劳动力成本进行工业迁移和选址的旧模式面临着前所未有的压力。公司既要追求纯利润，又要考虑员工的工作条件、原材料的可追溯性、产品产地的环境条件以及当地的税务制度等因素，以维护公司的良好形象。压力正体现在这两种目标的矛盾中。

  Y 世代和 Z 世代 [①] 逐渐进入劳动力市场，与前几代人相比，他们不再满足于工业企业遵守最低道德门槛，更强调对意义的追求。因此，公众对工厂、研发中心、职能中心等各工业单位选址的态度越来越挑剔，甚至回归到"沙文主义"。国家之间如此，地区之间也如此。尤其是在大城市地区与其他地区越来越二元对立的情况下，非大城市居民有时会感到被公共政策所忽视。曾经，大城市的边缘地区为大城市提供原材料和食品，大城市负责对资源进行管理和重新分配。例如，美国艾奥瓦州或法国克勒兹省的小镇可以依靠附近的大城市，承接基础的手工和工业活计，大城市则管理教育体系，并对消费税收进行重新分配，这种模式对双方来说都是共赢。而第三次工业革命使离岸外包成为可能，基于距离远近的"政治"信任关系被打破，导致边缘地区之间相互竞争。现在，墨西哥、东欧和亚洲中等

---

① Y 世代：泛指 20 世纪 80 年代初至 20 世纪 90 年代中期出生的人；Z 世代：泛指 20 世纪 90 年代中期之后出生的年轻人。——译者注

城市都成为美国或法国这类小镇的对手。然而近几年来，这种模式造成地区不平衡和人们的紧张情绪，人们对它的容忍度越来越低，从各个发达国家的投票结果便可见一斑。

对行业道德遵守的要求不仅针对普通公司，也涉及公司的股东。金融市场自由化后，资本市场运作着复杂的融资方案，资本被稀释，这一辉煌时期在2008年金融危机爆发后戛然而止。此时，全世界意识到，丰田模式可以在与实际经济情况完全脱节的情况下，像一匹脱缰的野马那样运转。这次冲击引发双重反应：一方面，"实体"和"具体"价值开始回归，工业是实体经济的重要旗手；另一方面，对股东出现不信任，尤其是只看财报结果、追求短期目标、关注的利益与公司或员工完全相悖的股东。工业史上不乏这样的例子，资本多多少少出于长期发展的意愿投资工厂，但杠杆收购（LBO）①最后导致工业企业受损，对工厂的维护和现代化投资被忽视。这种策略在短期内还可以顺利实施，但随着技术进步的加速，其弊端变得越来越明显。因此，"贪婪"的投资基金不再受欢迎，整个丰田模式走向被否定的道路。

另一个重要的变化是，数字经济世界正渐渐向其他领域输出其自身模式，尤其是呈现出非实物交易的特征：要求交易具

① 杠杆收购（Leveraged Buy-out, LBO）是指公司或个体利用收购目标的资产作为债务抵押，收购另一家公司的策略。——译者注

有即时性。但是，在工业世界，任何信息终归要转化为实体。虽然第三次工业革命时代的制造周期缩短明显加速，但似乎仍然难以满足即时性的需求，毕竟材料总是需要运输和加工的时间。至此，大型集团利用其规模实现规模经济的模式也受到质疑，规模不一定是优势，也可能成为随机应变和满足即时性需求的重大阻碍。

面对快速响应和适应的新需求，第三次工业革命渐渐地显示出它的局限。如何较好地回应越来越个性化的定制需求，使每一个产品都与众不同？在第三次工业革命时代，机器和工艺都是为批量生产而开发的：机器人被关在一个只有专业技术人员才能进入的笼子里。企业资源计划可以处理所有的管理数据，并确保工业规划的实施，但其参数一年更新一次，安装部署更可能需要耗费几年时间。目前，新型的灵活解决方案，如具有学习功能的协同工作机器人，或基于软件即服务（SAAS）模式可以快捷安装的特殊应用软件，为这个不太匹配市场意愿和定制需求的体系注入一丝新的活力。

但对于第三次工业革命时代的企业来说，新科技对其传统运行模式也造成了不利影响。指数级演变要求技能越来越尖端，更新越来越快，专家之间的合作越来越紧密。几乎没有任何一家公司可以独自拥有所有的尖端技术。创新的强大壁垒和工业的保密原则开始土崩瓦解。现在，创新需要越来越多地借助外部力量，企业甚至和竞争对手化干戈为玉帛，展开合作。企业既需要不断创新，以保持市场竞争力，与竞争对手拉开差距，又需要随时保持开放，敞开大门吸引尖端技术，如何协调两种需求之间的矛盾？这种技术变化的最终结果是，企业不仅要警惕传统竞争对手，还要警惕处于同一价值链的上游或下游企业，甚至还要面临来自完全不同世界的新对手的挑战，如四大互联网科技巨头凭借其强大的数字平台，对整个工业行业来说都是威胁。

　　道德规范、即时性、量身定制、突破性创新，面对这些新需求，第三次工业革命虽不至于岌岌可危，但一系列重大变化导致其基础原则受到质疑。我们是否应该如温水中的青蛙，无动于衷地笑看这些变化，等待局势稳定？正如著名电影《怒火青春》中的台词："目前为止，还不错。"又或者，我们已经感受到环境的变化，并意识到突破性革命已然来临？还有待确定的是，这次突破是否具有划时代意义？是否值得被称为全新的工业革命，即工业史上的第四次工业革命？

第二章
第四次工业革命：真革命，还是海市蜃楼？

看 点

- 工业界面临四大新挑战：每个人与其他人的超级连接、指数级进步，赢家通吃的高度集中性，以及用户经济。这四大挑战共同推动着工业界发生变革。即便如此，许多商界领袖仍在质疑这场变革。

- 怀疑者有三个主要论点。他们认为，根本没有"颠覆"（只是原有工业变革的标准速度加快了）；已经发生的变化是矛盾的，还不能进行任何明确的特征性描述；无法在实体世界中复制一个适用于非实体世界的逻辑。

- 在福特主义和丰田主义之后，实业家们所缺少的主要是适应新工业时代的基准组织模式。这种模式必须是灵活的、相互联系的、能够颠覆性创新的、对未来人才具有吸引力的，才能够应对工业 4.0 时代的挑战。

- 特斯拉模式——受特斯拉建立的体系的启发——可能成为生产组织新模式的原型。该模型主要包含三个层次，以及七个原则：故事制造、交叉整合、触手驱动、初创型领导、软件融合、超级生产和人机学习。

许多人仍然质疑真正工业革命的存在，他们宁愿选择停滞不前，或继续改进原有的方法，而不是寻找突破性方法。诚然，因为没有可供参考的组织模式，企业在深度变革的路上不会轻松。在泰勒主义、福特主义、丰田主义之后，将出现何种组织模式，使公司既能够充分利用新技术，又能满足客户的新期望？

1. 工业界面临的四大新挑战

在讨论第四次工业革命之前，我们先总结一下刚刚提到的四大挑战及其造成的结果（见图 2.1）。

第一个挑战是超级连接。机器、人和产品开始实现连接。我们每个人都处于连接状态，无论在工作中还是在私人生活中。其结果是：信息获取不再局限于少数人，团队追求自主权和表达途径，消费者追求即时性。关键价值在于快速响应能力：日益庞大的连接使客户对快速响应能力的要求不断提高，那么如何利用这种连接？

第二个挑战是指数级进步。根据摩尔定律，电脑的计算能力每 18 个月增长一倍，大多数技术都遵循这种指数趋势。其直接结果是，技术的雾化，即技术越来越丰富、具体和尖端，并带动与之相关的技能出现同样的变化。其关键价值在于灵活度：工业机器人、3D 打印、物联网、人工智能和数字工具等技术不断发展，如何持续适应并充分利用这种趋势？

　　第三个挑战是高度集中性。在数字领域，大公司把持一切，且市场价值与地理区位高度相关。大部分研发资源集中在少数几个集群（10 个集群占据 75% 的研发资源）[1]。这种集中造成的风险是社会失衡、就业不稳定、中产阶级消亡，以及地区之间的发展不均衡。面对这种商业模式的不足，我们需要建立安全机制。其关键价值在于如何建立新的安全机制，避免数字世界（其自然原则是让赢家通吃）导致社会分裂或环境破坏？如何应对新一代人对工作意义和消费意义的追求？

　　第四个挑战是用户经济，它涉及价值观的改变：社会由以产品消费为基础逐渐转变为以用户经济为主导。这个时代的成功路径，往往是建立新的业务模式，善用数据资源，先于他人提供创新服务，数字平台行业就是最好的例子。对于 21 世纪的消费者来说，产品带来的服务体验比占有产品带来的意义甚至更大，那么，如何不断创造出越来越多量身定制的服务和产品，以满足当今消费者的需求？

　　四个挑战引发的结构性问题是十分关键和重要的。如何判断模式是否有真正的突破？现实或许更复杂，因为面对挑战，我们必须调整，但调整的幅度可能巨大，调整措施可能相互矛盾，甚至，在最坏的情况下，对如何调整人们无从得知。对于

---

① 　Veltz Pierre, *La Société hyperindustrielle*, La République des idées, Seuil, 2017.

超级连接

市场对快速响应的需求、
团队对自主的要求、
新一代对意义的追求

指数级进步

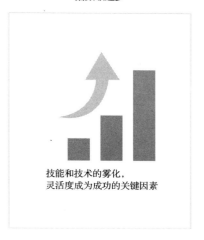

技能和技术的雾化，
灵活度成为成功的关键因素

用户经济

颠覆和整合的机遇、
数据带来的竞争和风险

高度集中性

人才竞争、
社会不平衡发展的风险、
生态系统在致胜过程中的重要性

图2.1　第四次工业革命时代的四大挑战

资料来源：OPEO。

如何赶上潮流、顺适而为，许多领导者或持怀疑态度，或困惑不已。

2. 充分但错误的质疑理由

人们不做任何改变的第一个原因十分明显。正如我们前文所提到的，虽然第四次工业革命使技术进步速度加快，但第三次工业革命还未结束，第四次工业革命与其交织展开。既然这样，为什么还要改变？"机器人？我们已经知道了！信息系统？我们也知道了，很久以前我们就安装了ERP！数字世界？不就是在工厂里布置电脑吗！精益生产，丰田主义？我们已经将这些付诸实践多年了！因此，只要在各方面再加强努力，自然水到渠成。"这些就是我们依然常听到的论调，尽管人们已经意识到，即便是维持现状，也需要付出更多的努力。

第二个原因是，第四次工业革命倡导的概念本身存在内部矛盾，并打击行业改变的主动性。例如，企业想要成功，就必须高度灵活，以初创企业的思维方式，快速适应改变。但是，复杂的世界并没有因此快速简化，这种复杂性反而一如既往地要求非常精细和强大的运行流程，这似乎与初创公司乐观而即兴的创作方式完全相悖。矛盾的另一个例子是，投资回报率的概念被新范式破坏，新范式往往注重对未来的长期投资，以赢得进入新世界体系的重要机会，而非等待短期盈利。然而，这似乎又与市场要求的金融和运营灵活性大相径庭。事实上，历史上每一次工业革命都经历了这样的过程：从新技术的运用到带来具体的经济效益总是需要一定的时间。当与个体创新相比，集体组合的创新开始带来额外的价值时，巨大的经济效益便开始产生。因此，20 世纪初，从电力发明到电力带来具体重大变化，尤其是到工厂开始引入泰勒模式，使用更灵活的小型电气化机器，实现流水线工作，我们经历了 20 多年。但是，在这个不断快速金融化的世界中，如何理性地考虑长期投资？

最后一个拒绝改变的原因，便是著名的"我们不一样"了。众所周知，工业不等同于服务。工业是实体世界。如何在实体世界复制一个来自非实体世界的模式？

同样，工业企业的主要运营模式是 B2B（Business to Business），而绝大多数已知的独角兽公司都是基于 B2C（Business to Customer）的商业模式而运营的。对个人销售产品时采用的模式，当然不适用于企业之间的销售！

旧时代模式的延续、新时代模式的内部矛盾、对改变的否认，这些看似有根据的理由使第四次工业革命的存在受到质疑。与新时代特征相适应的组织模式还未出现，或许这一点才是真正值得质疑的理由？

3. 第四次工业革命：缺乏颠覆性的组织模式

许多观察家认为，工业革命是一次以技术突破为主导的事件。然而，从历史上看，每次工业革命都对应着三重运动：首先是市场和社会革命，其次是相应的技术革命，但最重要的是公司的组织革命，它将前两者连接起来。组织模式的变化是充分利用技术创新和满足市场新需求的关键所在，同时还可以确保人类活动、技能和动机在新环境下的持续性。因此，伴随历史上的每一次工业革命，均有新的组织模式出现，它们有助于加速工业革命并实现工业革命可持续发展。

第一次工业革命源于 19 世纪早期对基础设施建设和发展的需求，同时，蒸汽机的出现极大地增强了人的力量。在组织方面，这是机械化的开始。

第二次工业革命为 20 世纪初的大规模消费创造了条件。在技术方面，电的发明改变了工厂，采用独立机器的生产线取代了大型中央机器。这种变化催生出泰勒主义和福特主义，任务变得专业化，生产效率大幅度提高。

20 世纪 60 年代，全球化初期，第三次工业革命到来。在技术方面，这是机器人化和工业信息化的开始。企业通过创建全球供应链来调整其组织形式，并逐渐采用准时制和精益生产的原则，以满足全球化市场中消费者对快速响应的需求。丰田主义成为这一时期的旗舰组织模式。

　　组织科学化、福特主义、丰田主义和精益生产，每种模式都与当时主导的经济和技术范式相适应。而目前，第四次工业革命似乎还没有迎来与其相适应的颠覆性组织模式：一种足以应对前文所指出的四大挑战的模式。这是一个具有连接性和灵活度的模式，能够带来突破性创新，吸引人才，还能确保技术进步速度和技能发展速度之间的平衡。那么如何设想一个可以同时应对这些挑战的模式？如何设想一个能够将质疑、怀疑和困惑转化为机遇的颠覆性模式？第四次工业革命时代的主导模式具备什么样的轮廓？这个模式已经存在。但与之前的工业革命不同，这是一种融合了多家企业特征的模式。和第四次工业革命一样，新模式颠覆了常规推理路线，是集合整个工业行业各家所长的综合体，包括战略、组织、技术和人力等各个方面。

　　我们已经观察到，有一家公司可以成为第四次工业革命时代新组织模式的典型，其领导者大胆勇敢，具有与众不同的创新能力。该企业的模式便是特斯拉模式。这家位于美国加利福尼亚州的初创企业，有望成为美国重要的汽车制造商之一。20世纪以来，自福特、通用汽车和克莱斯勒三大汽车巨头诞生之后，特斯拉是唯一有望改变美国汽车行业格局的新公司。因此，我们选择用"特斯拉主义"命名新模式（见图2.2）。

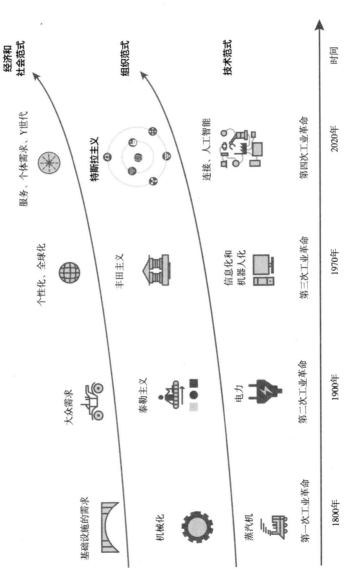

图2.2 特斯拉主义：第四次工业革命的潜在组织范式？

资料来源：OPEO。

在本书的其余部分，我们将带您一起发现新模式的 DNA，去了解其基础原则。我们将对特斯拉运行的核心机制进行剖析，并在每个维度有针对性地选择各个行业的领导企业作为补充例证。

4. 特斯拉主义：第四次工业革命的组织模式？

通过对特斯拉模式及未来工业领导企业的分析和观察，我们认为"特斯拉主义"完全匹配新"系统"的命名。它有三个核心：战略核心，决定公司的对外方向；组织核心，决定公司的对内政策；系统核心，聚焦人员和机器的快速学习能力。该系统包括七个原则：故事制造、交叉整合、触手驱动、初创型领导、软件融合、超级生产和人机学习（见图 2.3）。

在详细了解七大原则之前，我们先从整体上看，这个模式是如何应对第四次工业革命时代的战略和技术挑战的。七大原则能够满足四个主要目标：以超越公司当前实力的项目激励世界；助推运营系统和企业接口升级；借助数字化，实现企业职能、生态系统及客户的连接；推动员工每日成长，从而实现企业组织整体的发展壮大（见图 2.4）。这四个目标又与第四次工业革命时代的四大挑战完美契合。价值和人才高度集中，人们呼吁道德和调整，激励世界可以回应这样的呼声。利用人、机器和产品的超级连接，助推系统升级，实现系统连接（内部与外部），以满足消费者对产品功能日益增长的需求，从而应对

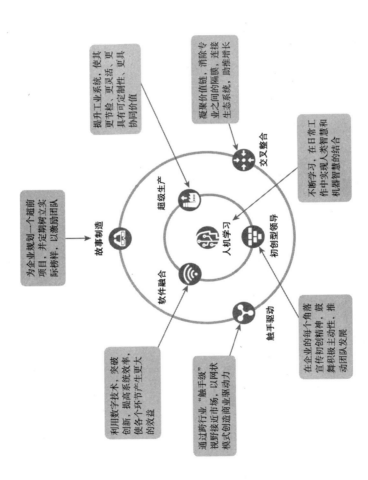

图2.3 特斯拉主义的七大原则

资料来源：OPEO。

故事制造 为企业规划一个超前项目，并定期树立实际榜样，以激励团队

超级生产 提升工业系统，使其更灵活、更具可定制性，更具协同价值、更灵活，更具可定制性，更具协同价值

交叉整合 凝聚价值链，消除企业之间的隔膜，连接生态系统，助推增长

初创型领导 不断学习，在日常工作中实现人类智慧和机器智慧的结合

触手驱动 在企业的每个角落宣传初创精神，鼓舞积极主动性，推动团队发展

软件融合 利用数字技术，突破创新，提高系统效率，使各个环节产生更大的效益

人机学习

通过跨行业"触手级"视野接近市场，以网状模式创造商业驱动力

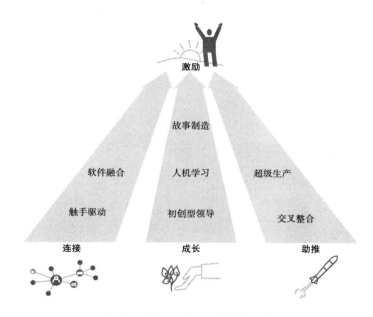

图2.4 特斯拉主义的四大目标

资料来源：OPEO。

用户经济带来的挑战。同时，推动员工成长，发展个人和集体技能，以指数级进步为契机，而不是跟它来一场毫无意义的赛跑。

特斯拉主义的七大原则

第三章
特斯拉主义的七大原则 1：超级生产

提升工业系统，使其更节俭、更灵活、更具可定制性、更具协同价值

工厂不是人们眼中无聊的地方，而是制造机器的机器，你
需要用设计集成系统的方式去设计工厂。

——埃隆·马斯克

看 点

- 超级生产是精益生产的"升级",源于丰田主义的三大支柱：以客户为中心、准时制生产、自衡化，以尽量减少浪费。

- 在此基础上，超级制造又增加了三个新的维度：节俭、灵活和协同价值。

- 特斯拉告诉我们，将数字化世界的精华与尖端行业的组织实践结合在一个工厂里是有可能的。

1. 什么是超级生产？

2018 年的工厂应该是什么样子？正如埃隆·马斯克所说，新时代的工厂不再是人们眼中无聊糟糕的地方，也和电影《摩登时代》里的世界完全不一样。

目前，全球有上千万家工厂，工业制造企业排放的二氧化碳占二氧化碳排放总量的 20%[1]。但是，2018 年，正在服役的工业机器人达到 300 多万台[2]，在物联网上的投资为 964 亿欧元[3]。工业产品的开发和制造越来越"量身定制"，生产周期也越来越短。举例来说，十年间，德国三家主要汽车制造商个性选装产品的产量从 47% 增长到 113%，但同时，产品的使用寿命减少了 10% 至 19%。在今天的工厂，每生产 1 欧元，就需要使用 19 欧分的服务，工厂内服务类工作已经占到 30%~50%[4]。

生产如何"超级"呢？超级节俭，利用最新技术，以应对资源的短缺；超级灵活，可定制，以应对需求的波动和多样化；超级连接和开放，以产生协同价值。但与精益生产一样，超级

---

[1] Quora.com.

[2] International Federation of Robotics, 2017.

[3] Gartner, 2017.

[4] McKinsey Global Institute, *Manufacturing the Future: The Next Era of Global Growth and Innovation*, November 2012.

生产首先是一种思维方式。埃隆·马斯克的第一性原理很好地概括了"超级"思维的精髓:"用物理学框架解决任何问题。"这一条向热力学第一定律致敬的原则,也是他在解释其思维方式时所反复强调的。总的来说,超级生产是一种突破性思维,能够挑战先入为主的想法,推动公司在每个关键流程中,尤其是在产品开发和技术创新上,找到创新的解决方案。

超级生产应用于工厂世界,一方面,体现在对极致合理的追求,以充分利用空间、机器、人员、能源和原材料等稀缺资源;另一方面,体现在对制造速度和灵活性的迷恋,在运行过程中始终展现对外开放的姿态。

不过,超级生产是突破,也是精益生产的"升级"。因此,为更好地理解其基本原理,在对其进行详细介绍之前,我们先回顾一下第三次工业革命时代的基本要素。

2. 精益生产、准时制和增值

第三次工业革命初期,贸易往来急剧增加,全球供应链体系变得越来越复杂,其必然结果是,工业零部件的运输距离越来越远。但随着经济逐渐金融化,以及人们对快速响应能力日益增长的需求,物流失败的风险和运营资金的压力刺激大多数公司提高运营效率,以避免这种不受拘束的全球化扩张让企业无利可图。在这种背景下,有一个系统显得尤其与众不同，它就是丰田系统。当时，麻省理工学院的两位研究员 [1] 在美国加州弗里蒙特的新联合汽车制造公司（New United Motor Manufacturing Inc, NUMMI）工厂开展了一项研究，外界偶然从他们的研究成果中发现了丰田系统。比较有趣的是，该工厂曾隶属通用汽车公司，后于 1984 年被丰田收购。而极具象征意义的是，到了 21 世纪，特斯拉将该工厂收入麾下。

丰田系统的高效率体现在两大支柱、三大基础和一个基本原则——消除浪费，这也是"精益生产"得其名的原因。

丰田系统（丰田主义）的第一个支柱是准时制：生产链的每一个环节在恰当的时间为客户生产恰当的产品，从而使库存达到最小，使运营系统灵活化，以面对客户需求的变化。这个原则看似简单明了，实施起来却很复杂。它要求企业拥有高度严谨的管理制度，能够在最短时间内发现并解决问题，以避免整个供应链在短时间内中断。准时制的关键在于五个要素：建立持续流、实行单件生产、根据客户需求按节拍时间生产、拉动式生产，以及物流链的全局管理。准时制的最终目标之一是避免大批量，大批量可以提高机器的局部效率，但限制了整体生产流程的速度。尽管如此，很少有企业在推行准时制时能够

---

[1]　James P. Womack, Daniel T. Jones, Daniel Roos, *The Machine That Changed the World*, Free Press, 1990. Traduction en langue française: *Le Système qui va changer le monde*, Dunod, 1993.

达到这一终极目标，生产数量通常从最少 10 件到数千件不等，具体取决于不同行业，总体的平均数量大约为 100 件。

丰田主义的第二个支柱是"自働化"，追求产品零缺陷、零返修，相当于质量维度的准时制：不让次品流到下一个环节，一旦出现异常，整条生产链停产。避免有缺陷的零部件（具有大批量存在的可能）流到最后一个生产环节，从而降低质量风险。

这两个支柱与丰田主义的终极目标相对应：关注最终客户，最大化增加产生附加值的时间。准时制生产，即避免生产过剩，以及避免用公司的资源创造不能出售的产品。无法出售的产品则意味着 100% 的浪费。同样，自働化生产，即避免质量缺陷流入下一道生产工序，也是在避免生产无法向客户销售的产品。为了让每一位员工用尽可能多的时间创造附加值，丰田公司列出了八大浪费。八大浪费具有教育意义，有助于向每位员工解释在日常工作中，应该尽量减少或避免的事项（见图 3.1）。

3. 第四个工业时代的新规范

进入第四次工业革命时代，随着人们对节俭、灵活及创造协同价值的需求不断增加，工业"软件"的基本数据也在不断发展。埃隆·马斯克的第一性原理极其注重"突破性"思维方式，而超级生产的哲学就在于，利用这种思维方式，扫清在创

图3.1　丰田主义所针对的八大浪费

资料来源：Womack及Jones的研究成果。

造协同价值道路上所面对的一切障碍。

节俭

21世纪，气候变暖已经得到大多数科学家的确认，人们呼吁降低碳排放量，关于能源消费方式的合作意识也在演变。此外，随着社交网络的出现，消费者可以轻易获知产品来源、生产过程等产品信息，而且制造规范变得清晰透明。因此，工业生产引入节俭概念，包括至少四个主要工作轴线。

首先，从设计开始，自上而下地减少产品的"碳足迹"。无论是生产模式还是生产材料，企业倡导使用可再生能源，减少消耗稀缺资源。此外，从零部件到产品的最终交付，对产品制造的全球运输路线进行优化。

其次，低消耗生产：定义和执行相关生产流程，从而防止原材料的浪费、避免报废以及不必要的能源消耗，最大化减少废料。这样的制造过程符合固体、液体和气体污染物的排放规则，且有利于资源回收。

再次，加强本地合作：与企业各子公司所在地的政府及工业合作伙伴共同发展循环经济。回收未使用的材料和能源，最大限度地减少噪声和其他类型的地区污染，能源消耗符合当地生产能力的调节规律。开展继续教育培训，使生态系统中的每一位成员在能力上得到提升。

最后，在产品的整个生产过程中，强调遵守道德规范：通过坚实和共享的企业社会责任政策，从生产链源头，对每一家供应商的道德规范遵守情况进行核实跟踪。

但是，对道德的严格要求并没有降低消费者对定制功能和交货速度越来越高的期待。而且，这个要求继续朝着极端多样化的方向发展。这种变化对工业的影响是，使其向灵活和"大规模个性化定制"转变，这两点也勾勒出新范式的轮廓，即单件小批量和当天交货。因此，准时制依然行之有效，但是需要被推向极致并进行调整：基本原则仍然是建立持续流。传统的批量大小为 100 件左右，现在变成单件，实现真正意义的"一个流"（one piece flow）。每一件产品都是独一无二的，因此，其制造时间也互不相同，那么出产两件产品的时间间隔，即"节拍时间"（takt time），也在一定程度上受到挑战。在整个供应链中，持续流仍然是根本，但是物流区域的拣货模式不再是人找货（man to goods），而是货找人（goods to man）。

灵活

关于丰田主义的第二大支柱——自衝化，大多数原则依然有效，同时企业需要加快系统的反应速度，提升信息共享的程度，无论是在企业内部，在整个供应链中，还是面向终端客户。创新点主要来自工业上游：来自软件世界的"灵活"方法与呈序列和节点式的传统工业方法相结合，构建新的开发方法。软件世界的"灵活"方法是基于这样一个前提而形成的：针对客户的详细规范会不断变化，一直到创新和开发过程的最后阶段。因此，最终用户和上游设计者之间的循环时间必须越来越短。在工业上游，"自衝化"的概念必须调整，因为指导原则更多是"测试与学习"（test & learn）法，该原则提倡快速行动，而不是完美行动，因此也容忍错误的发生。

新科技可以帮助我们做出丰田主义两大支柱所要求的调整。机器人技术，尤其是无人搬运车（AGV 车），可以将人从运输过程中解放出来，使其更关注自己的核心业务。物联网

（Internet of Things, IoT）能够对整条物流链的各个产品进行单件识别，因此，企业可以借助新型智能生产管理系统（制造执行系统 MES），实现每个工作站的动态平衡。3D 打印和添加型制造可以缩短多步骤流程，既可以用于上游阶段的样机制作，也可用于不需要快速生产的零件制造。另外，这类技术能够将数字规范快速转换为实体生产，且无须对机器程序、工艺、工作方法进行鉴定，因此能够满足企业对信息流极度多样和灵活的需求。无损检测和工业视觉的进步，使工厂可以直接在生产流程中开展持续的质量控制。质量警报系统变得数字化，企业可以采用管理组织的爬升原则，对系统进行实时控制。而安东系统（Andon）可以推广到整个过程中，从产品设计到最终交付，让每一位员工在发现产品残损或有缺陷时，都可以及时发出报警。建立信息流，将一线管理者和高层管理者，甚至是供应商、合作伙伴和客户连接起来，实现快速反应和信息的整体共享。在开发阶段，利用数字协作工具，使企业各部门、合作伙伴和最终客户进行更好的交流，然后再通过物联网将这些交流信息转化为产品的实际调整，实现版本升级。因此，测试版本（Beta 版本）可以更快地投放到市场，并逐渐优化改进。从开发阶段到商业化阶段，再到改进和维护（即"现生产"阶段），在产品的整个生命周期中，不同参与者都可以采用灵活原则，在非常短时间的循环内进行互动，使产品得到持续改进。

协同价值

增值的概念依然有效，但作用有限。协同价值才是针对顾客（将成为最终用户）的核心价值。协同价值可以快速响应新的需求，注重顾客体验，并尊重产品节俭式生产的结构框架。终端用户总是追寻新的价值，而随着他们需求的不断变化，整个生产链中的丰田主义所针对的八大浪费也在变化。

我们观察了最先进的工业系统，共发现不利于创造协同价值的八大障碍（见图3.2）。

过度消耗： 在一个任何资源都被定义为有限的世界里，浪费的资源本可用来制造其他产品的能源、原材料和工具。过度消耗是创造协同价值过程中最大的障碍。过度消耗概念还适用于空间利用，例如，不优化可用空间，以及不尽量增加工厂布局密度，就是对使用面积的过度消耗。第三次工业革命期间，计算机实现小型化，而工厂的规模化将是第四次工业革命的关键所在。

数据闲置： 数据是第四次工业革命时代的黄金。不收集、不存储、不分析与客户及企业内部流程有关的可用数据，是为社会、为客户或为员工创造价值的重大障碍。数据闲置影响生产效率，也不利于整个生产流程中的质量控制。例如，导致产品版本管理（versioning）不善，或没有以终身学习的逻辑充分对观察到的问题进行持续不断的改善。

图3.2　创造协同价值的八大障碍

资料来源：OPEO。

工作孤岛：我们将组织中相对其他部分孤立存在的工作方式称为"工作孤岛"。工作孤岛极大地阻碍信息流动的速度，并导致适得其反的决策产生，是影响快速反应和价值创造的重大障碍。在数字时代，每个部门都需要主动跨出围绕自己的自然边界，进入外部区域，为整体价值做贡献。例如，供应链需要快速获得销售部门的销售数据，以便最大化提升响应能力。有时，供应链还需进入分销网络，企业需跟踪产品变动情况，通过详细的预测判断最新动向。营销部门也可以利用这些数据进行分析，持续了解客户的情况，对新趋势进行预测。

官僚主义：繁文缛节和形式主义都只是为了躲避风险或逃避责任，只会造成纸张浪费和毫无意义的讨论，有时甚至会制造矛盾，最终影响协同价值创造。首先，企业应消除官僚主义，即消除制造车间或各部门之间不必要的行政程序和公文往来。消除官僚主义是一种思想状态，即挑战系统束缚，寻找突破性方案。企业应回到第一性原理："支配这道程序的真正物理法则是什么？要使它运行起来，我们真正需要的是什么？"通常，不断堆积的规则和管控措施只能暂时解决局部问题，只有冒险打破规则，解放系统，系统方能更灵活，并且才能达到更好的状态。但这一切不会自然发生，而是需要管理层面强有力的推动。

犹豫不决：在一个瞬息万变的世界中，不做任何决定比做糟糕的决定更可怕。犯错可以，只要能够对错误进行快速纠正，毫无作为才是下下之策。因此，企业的管理系统必须提供信息快速上达至决策者的途径，尽可能将决策者承担的责任与现场联系起来。领导者需在现场投入大量时间，对于任何一个重要的决定，避免拖延和沟通不畅。

等待浪费：人员、机器、材料和数据不被利用，处于空闲状态。然而，这些都是稀缺资源，对企业顺利运营和提高系统整体响应能力有着至关重要的作用。在一个不断向前发展的世界中，不利用资产或对资产利用不足，都是破坏价值的表现。关键在于主动投资系统建设，使其足够灵活，同时还要确保工作内容与实际能力的平衡，以及相关流程的稳定可靠，从而使工业机构适应市场的波动性。

重复、繁重的工作：随着自动化、机器人和人工智能科技的进步，企业可以大量使用机器人代替人类，完成重复性工作或不符合人体工程学的繁重工作。而且，这项投资还能获得较高好的投资回报率。如果不用机器人，继续让人完成重复、繁重的工作，那便是大材小用了，因为人是系统中最稀缺的资源。企业要让员工的劳动变得更简单、更有趣，同时还要将主要力量集中在系统价值（协同价值）的创造上：解决复杂问题，确定正确的职业标准，培训团队，为未来提出创新解决方案。未来，无论何种职业，重复性和机械性工作注定会逐步消失。对于人类来说，这些工作本就不利于个人充分发展，所以能摆脱就尽快摆脱吧。

使用不舒适：无论是客户还是员工，能够舒适地使用符合人体工程学的应用和功能，是创造协同价值的关键所在，因为系统使用舒适可以激发用户产生主动使用系统的想法，并为系统的持续改善做贡献。数字世界的巨头告诉我们，用户体验是新产品设计选择的主导因素。在工业世界中也是如此，员工在推进日常业务中，对数字工具的使用需求越来越大，为其配备合适的且符合人体工程学的操作界面，是激励员工工作和提高日常工作效率的关键因素之一。

4．特斯拉的启示

"你应该用设计产品的思路去设计工厂，把工厂视作一个集成系统，运用物理学基本原则最大化地优化其功能。"[1] 在内华达州超级电池工厂开幕典礼上，埃隆·马斯克如此说道。这个工厂是世界上建筑面积最大的工厂，但这并不代表马斯克追求大，他的基本逻辑依然保持不变：节俭和效率优先。因此，他在演讲中，解释了"大"的意义。目前，世界上仅此一家工厂可以生产具有如此领先续航能力的汽车电池，其目标是每年生产的电池可以满足150万辆电动汽车的需求。虽然目标远大，但这里的一切都是为实现工厂的规模化而设计的。埃隆·马斯克继续说道："我不是制造方面的专家，但过去三个月，我一直在工厂现场办公。每次想到汽车工厂，我就会回到我的第一性原理。如果借用物理法则，汽车厂的设计就是对这个公式的优化：体

---

① YouTube，"超级电池工厂开幕典礼演讲"。

积 × 密度 × 速度。"[①] 因此，根据他的设想，出于如下两个原因，这个比例可以轻易优化 5~10 倍。

其一，汽车整装厂实际上只有 2%~3% 的体积是真正"可用的"；其二，汽车离开工厂的速度看似很快，但其实非常有限（约为每秒 0.2 米）。总而言之，马斯克不是采用现有的技术和生产方式对工厂进行改进，而是反其道而行之，将主导工厂流程的基础公式发挥至极致。最初，虽然马斯克没有立刻找到具体实施方案，但他认为这样的雄心壮志可以激励团队。超级工厂成为始终以这一原则为指导而建成的首家工厂，其最终效果也是惊人的。工厂的三维视图全部数字化，和计算机内部系统极其相似，同时其布局也得到了优化。因为埃隆·马斯克坚信，制造业将跟随信息技术的脚步，向小型化发展（计算机小型化开始于 20 世纪 80 年代）。人们无须为应对人口的增长而建造越来越大的工厂，或许我们可以通过增加过程密度，提高速度，实现工厂小型化。

超级生产的第一原则在于通过空间的集中，避免过度消耗。能源消耗方面也是如此：整个工厂配备了太阳能电池板，并高度重视能源回收。埃隆·马斯克在"故事制造"（见"特斯拉主义的七大原则 5：故事制造"）这章中，反复强调他力图

---

① YouTube，"超级电池工厂开幕典礼演讲"。

提高可再生能源利用率的伟大愿景，超级工厂与这一愿景完美契合。为了提高团队的积极性、股东的信心和客户的黏性，埃隆·马斯克定期分享他基于企业节俭化的工作原则，以及他关于世界运输生态化的伟大愿景：将各项功能完美组合起来，使汽车更易使用；用绿色能源制造和驱动汽车；将所有车辆与智能能源网连接起来，从而优化用电高峰或低谷……马斯克的思考几乎总是围绕能源问题，他最近还提到："太阳照射地球一小时的能量足以满足世界全年的总能耗。"[1]

除此之外，为了消灭障碍，创造协同价值，埃隆·马斯克还建造了这样一个系统：其工厂的建设融入了最先进的自动化技术，其组织原则可以有效避免孤岛式工作。他将开发团队和生产团队组合起来，实现团队技能混合，因此，无论面对何种议题，整个系统可以在非常短的循环内快速做出决定。关于这一点，他是这样跟他的传记作者阿什利·万斯（Ashlee Vance）解释的，"快速行动，避免等级制度，禁止官僚主义"是他关注的重点，而如果"规则阻碍你进步，那就打破规则"[2]。此外，特斯拉投入大量的精力，使车辆最大限度地模块化，并提供预先设定的功能清单。因此，终端客户可以自由"改装"汽车，与

---

[1]　Fabernovel, *Tesla, Uploading the future*, 2018.

[2]　Ashlee Vance, *Elon Musk. Tesla, Paypal, SpaceX: l'entrepreneur qui va changer le monde*, Eyrolles, 2016.

工厂直接联系，而工厂能够在最短的周期内，完成"单件小批量"生产。各工作站之间的交流实现自动化管理，特斯拉设计的内部物流系统能够更好地满足车辆个性化改装定制的大众化需求。

最后，特斯拉的产品本身是充分利用协同价值的证明。事实上，特斯拉为每一辆交付给客户的车，提供终身升级和预干预服务，是少数几个承诺在产品生命周期内对车辆价值进行优化的品牌之一。而其他厂家的升级价格昂贵，而且已配置的技术又会逐渐落后，整车不断贬值。

毫无疑问，以埃隆·马斯克第一性原理为指导的特斯拉模式是一种全新突破。参观特斯拉工厂能够更直观地感受第一性原理应用的实际效果：白色墙壁，红色机器，自动化程度极高，各职能部门共享办公空间（无隔墙），手持笔记本电脑的年轻工程师和操作员并肩工作，一眼望去，各工种之间几乎没有区别。一切都是为了尽量减少障碍，创造更多协同价值。

当然，我们必须注意到特斯拉当前遇到的运营困难，如Model 3产能爬坡困难。此外，其制造系统的运行效率也和大型汽车制造企业有较大差距：生产流程有待优化，生产浪费情况依然相对严重，管理系统有待改进，等等。不过埃隆·马斯克力图突破创新，大胆务实地解决问题，他的意愿和工作方式值得关注。而且，和那些分布在硅谷帕罗奥图的数字巨头或初创公司一样，特斯拉拥有与众不同的学习能力。

　　如果埃隆·马斯克能够应对自我设定的挑战，将数字世界的精华和先进的工业组织结合起来，特斯拉的生产系统将无可匹敌。从丰田购买的"棕地"（brownfield）弗里蒙特工厂并不是特斯拉未来旗舰模式的代表。如果特斯拉制定的增长计划能够实现，弗里蒙特工厂之后的工厂，尤其是超级工厂，或在欧洲和亚洲建立的工厂，将成为超级生产模式推向极致的体现。仅仅几年时间，埃隆·马斯克在全球范围内创建了一家全新的制造企业，它异乎寻常，有可能会彻底改变这个行业。丰田并非一日建成的，要想成为全球顶级制造企业，必定经历重重危机。对于一个具有开创意义的企业，我们需要很长的时间才能判断其系统是否适应新的环境。

企业案例：金佰利（Kimberly Clark）
"打破工作孤岛，推动超级生产"

位于法国图勒的金佰利（Kimberly Clark）工厂拥有 260 名员工，每年为舒洁、适高和劲拭等品牌生产 7.4 万吨纸。工厂内大型造纸机有节奏地带动工厂运行，其力量让刚进入车间的参观者震撼不已。该工厂是工业传统产业与消费品行业的结合，于 2015 年被法国《新工厂》（L'Usine Nouvelle）杂志评选为年度工厂。2012 年，工厂启动大规模转型计划，马修·盖特（Mathieu Gaytté）加入工厂，并担任"行动"（Operations）项目负责人。

"今天，一家出色的企业不能满足于平均水平"

改革之路始于 2011 年，这家金佰利商用消费品工厂迎来新厂长。马修·盖特还记得："我们经历过低潮，直到现在，我们一直在精简优化人员。"新领导决定捅掉马蜂窝，革新变旧，并宣称："今天，一家出色的企业不能满足于平均水平。"工厂开始向超级生产转型。马修说："曾经的我们总是原地踏步，现在，我们必须转型，要在日常工作中表现得更加灵活。"效果是立竿见影的：就在转型的前四个月，造纸机和两台辅助机器的优化率达到 10%~15%。

打破工作孤岛：转型的最大成功之一

为了打破工作孤岛，工厂付出了巨大努力，"为不同部门任命一位共同责任人，使工厂内部能够传递完整且连续的信息"。不过转型之路并不容易，马修提到，造纸部门和制浆部门历来互不信任，"每次出现问题，都觉得是对方部门的原因"。

同时，工厂积极提升整个团队的一级维护能力，有效增进了不同部门员工之间的相互了解，使维护和生产之间的关系得到显著改善。回过头看转型，马修还解释了改变姿态、了解他人是如何促进关系的重建："安全和质量方面稍显复杂，因此我们在各个部门设立了一位安全推进员，其效果是十分明显的。现在，质量人员的出现不仅是为了监督，更是为了提供支持，因此质量部门能够更好地推动质量标准的执行。"

除了这些调整，工厂还对管理系统进行了重组，以减少官僚主义，加快决策制定的过程。马修认为："新管理系统仿佛伸出一根根触手，将现场和管理层有效地连接起来。"

消耗更少，生产更好

工厂转型计划的最大成就之一是能源消耗的改善。马修说："例如，在 2017 年，全年能源消耗成本优化达到 6% 以上，节约大约 100 万欧元，而且这样的改善已经持续五年了。"在确定改进计划时，工厂始终牢记一个指导方针：既确保纯粹的业绩，又保证生态系统及团队的利益，实现双赢。因此，工厂对一些岗位进行了调整，对场内布置进行优化。在开展有针对性的优化过程中，使用舒适和安全始终是重要考量因素。

使用舒适：成功的关键之一

马修说："当初我们决定打破束缚、推动改革时，团队提交了一份问题清单，我们的改革便由这份清单开始。"但实际措施不止如此，工厂对有问题的工具进行了修改或创新，除此之外，还邀请工具的使用者定期参与修改过程。马修·盖特认为，这种提高员工技能的方式收效良好："无论是实体工具还是数字工具，全员参与审视岗位和检查工具，这使员工意识到培训的重要性，以及自己和高级岗位之间的差距。"这一切都围绕协同价值的创造，使工厂的每一位员工都成为赢家。

优化数据控制，合理开展自动化：继续推进

在未来几年，工厂依然面临巨大的挑战。马修·盖特认为，未来还有两大方面亟待推进：一是数据控制，二是重复、繁重工作的自动化。因此，工厂必须更加智能，以便人尽其才，使每个人都能在工作中得到充分发展。数据在流程工业中至关重要，毫无疑问，增加算法层和人工智能，使造纸机更智能，将是未来工作的重点方向。不过，马修还提到："我们不能像业余修理工一样，买一套顶级工具，最后只用到1%的功能。"因此，企业还需从整体上提升全体员工的能力。关于自动化，如果工厂希望保持样板工厂的地位，并利用最新的技术，自动化肯定会对生产成本造成重要影响。在金佰利，大家意识到改变是不可避免的，时代的节奏每天都在加快，永远不要停下调整的脚步。因此，管理层最近决定，在各个部门设置变革专员，使企业改进之路更顺畅、更灵活。

超级生产：领导者的自我十问

（1）在产品开发选择时，我是否考虑了产品的"碳足迹"以及合作伙伴的企业社会责任政策？

（2）是否为工业设备和供应链设定了指标？能否持续改进？改进是否有利于减少浪费、优化垃圾分类、节约能源，从而增加可再生能源的使用率，实现能源自给自足？

（3）关于客户和工业过程数据，我是否能做到充分收集、充分存储和充分利用？

（4）企业各个层级是否能快速做决策？

（5）企业内部运营或对外开展合作的过程中是否存在"工作孤岛"？

（6）对于企业内繁重或重复的工作，我是否在系统地推进自动化？

（7）我是否鼓励我的员工尽可能减少官僚主义，剔除不必要的文书工作，提倡直接交流，使每个人都有责任意识？

（8）我的企业内是否存在未充分利用的资源？具体来说，当我去现场时，是否会发现处于等待状态的机器、人员或者决策？

（9）我是否亲自测试过提供给员工或客户的产品或解决方案，并关注其使用舒适度？在产品或工具开发及优化的过程中，使用舒适度是否是真正的决定性标准？

（10）我的工业系统是否足够灵活？能否量身定制，能否适应市场的波动？我的制造周期能否再缩短？企业内部是否充分理解单件小批量生产并以此为驱动目标？

第四章
特斯拉主义的七大原则 2：交叉整合

凝聚价值链，消除部门之间的隔膜，更好地连接生态系统，助推增长

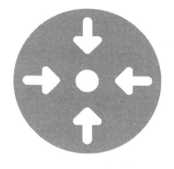

欲想成事，自己动手。

——亨利·福特

看 点

- 基于企业各职能部门与最终客户的整合与连接，交叉整合能够满足快速响应和尊重环境的双重需求。

- 交叉整合涉及四个不同层次：战略、组织、技术以及边缘。

- 在其他汽车制造商将大部分零件生产分包出去的情况下，特斯拉的整合使这些零件的内部生产成为可能。同时，特斯拉依然保持对外开放，以整合所有技术板块，为客户提供一个完整的价值生态系统。

1. 什么是交叉整合?

加强生产是基本原则,也是加快现场执行速度、建立工业系统的基础。但从更宏观的角度来看,第四次工业革命的运营模式还需要一个"助推器"。随着数字世界的兴起,物理距离被打破,世界日新月异,信息瞬间传播。消费者购买有形产品或无形服务时,对商品交付的时间要求越来越严苛,并希望享受到实时服务。为此,工业正借力数字世界,开始深度整合。举例来说,2016年普华永道对2000名工业高管进行的调查显示[1],到2020年,垂直整合(价值链上下游的整合)的水平将从41%上升到72%,横向整合(企业内部不同部门间的整合)的水平将从34%上升到65%。

但矛盾的是,消费者不仅是消费者,还是一国公民,对企业是否回馈当地社会也有要求。随着新一代年轻人的登场,人们对意义的追求越来越高,甚至影响到其购买行为。于是,那些注重环境保护、尊重当地社会的工厂生产的低碳产品越来越受欢迎。另外,协同经济正在崛起,创新服务为每个人的生活带来更多便利,共享行为使自然资源的消耗得到有效降低。交叉整合——特斯拉主义的第二个推动器,能够满足快速响应和

---

① PwC, *Global Industry 4.0 Survey*, 2016.

尊重环境的双重需求。一方面，从企业各职能部门到最终客户，对整个链条上的各方进行整合，包括供应链各种不同业务、项目中的每一位成员以及公司生态系统中的每一位参与者；另一方面，大力推进各方连接，实现数据共享，从而提高快速响应能力，创造价值。

2. 计划报废庞大而松散的系统

第二次工业革命为超级整合的集团提供了充足的发展机会，如福特，即使是汽车上最小的零件，也由厂内超大型设备生产。第三次工业革命却180度大转弯：边界开放，市场自由化，运输成本下降，新兴国家实行市场经济并对外开放，这一切使工业企业向低成本国家转移成为趋势。大型集团开始专注核心业务，在价值链的关键部位占据主导作用，同时扩大供应商范围，通过采购节省成本。例如，在汽车领域，一大批一线供应商诞生，如德尔福（Delphi）、法雷奥（Valéo）和佛吉亚（Faurecia）。第三次工业革命时代的价值链组织呈"专业"化，链条中的每一个环节都有对应的强大领导者。但是，人们对交付周期的要求越来越高，链条中各个企业开始逐渐调整自身模式，意在加快内部进程（包括产品开发和产品制造）。为此，丰田主义引入"精简"原则：将既定流程的不同阶段归入同一个管理组织，以提高响应能力，更好地服务客户。这种围绕产品或产品系列构建流程和组织的方式使价值链中的每一家企业都极大地提高了快速响应能力。通常，响应周期从一个月降到一周，或从一周降到一天，具体取决于不同行业。

走在前面的公司甚至将生产线扩展到企业自身边界之外，在汽车行业，"同步"流程使座椅或保险杠供应商能够在三个小时内将货物交付工厂。

不过在许多行业，价值链内部成员之间仍然存在冲突，这些冲突使最终客户遭受价值损失。此外，企业专注于核心业务，使得供应商越来越多，上游的产品供应商级别达到四到五级，数百甚至上千家供应商彼此交错，相互影响。最后，因为流入和流出效应，整个流程变得异常复杂，难以管理，最终导致系统因过于庞大而变得松散。

同样，在组织方面，许多大型企业发现，很难实施一直到产品开发阶段的"精简"原则：产品制造的上游和下游都有"孤岛式工作"的倾向，导致整个流程缓慢，阻碍协同价值的创造。

最后，所有企业都试图吸引最优秀的人才，但是其思考往往停留在"以自我为中心"的层面："有了最好的资源，我将成为行业领导者。"公司对外开放，无论是对合作伙伴还是对生态系统，不但没有形成普遍性规则，反而成为行业例外。而大型集团本身就有数量可观的专家和支撑团队。

3. 四重整合时代

21世纪初，数字化的出现似乎是第三次工业革命的延续：风险投资偏爱互联网企业，在这个领域，投入的资金无须比肩工业企业，但投资回报期短，回报率高。与之相比，工业企业就相形见绌了，只能继续向遥远的新兴国家转移。例如，苹果公司，其手机在美国设计，零部件在全球生产，80%的零部件在中国组装。

但是2008年金融危机之后，形势有所转变。与上一代相比，新一代消费者（也是公民）的需求发生巨大变化：人们不再满足于购买大批量生产的廉价产品，而是要求产品具有很高的使用价值，企业在开发、生产及供应产品的过程中需遵守道德规范，工厂员工得到尊重，环境得到保护。价格不再是商品购买的唯一参考标准，"快速响应"及"客户服务"概念越来越重要，其最极致的体现便是亚马逊著名的"一键下单"。此外，"量身定制"成为常态。值得一提的是，20世纪80年代，准时制原则在各大行业大规模应用，极大缩减了批量制造规模，而新的范式是单件生产，批量概念消失。产品独一无二、具有高使用价值、能够一键下单，且生产过程符合道德伦理，如何回应这四种期望？如何实现这四重需求的整合和连接？答案是交叉整合。埃隆·马斯克是最早理解这一概

图4.1 交叉整合的四个层次

资料来源：OPEO。

念，并将其融入战略和运行模式的第一批人之一。交叉
整合涉及四个层次：战略、组织、技术以及社会和环境
（见图4.1）。

战略上：垂直整合，即第一层整合。这一层涉及整条价值
链，其目的在于满足工业链条对快速响应能力日益增长的需求。
企业通过对内或对外（合作伙伴）深度整合，接近最终客户，
"颠覆"价值链，而新科技与平台使这一切变得越来越容易。
"垂直整合"是20世纪初"垂直整合"概念的回归，可分三个
层次进行。第一层，对同一领域内的客户和供应商进行"数字"
整合。使用电子数据交换（Electronic Data Interchange，EDI）
等工具，将下游需求整合到上游IT系统中。同时各方还可以借
助新工具，开展协同合作，共同开发复杂的系统。第二层，"颠
覆"部分下游价值链，接近最终客户。如此，越来越多的工业
设备供应商能够直接将完整的解决方案提供给最终客户，如维
护、设备产品参数优化等。而行业之间的联系将更加紧密，尤

其是工业物流与纯制造业。第三层，通过 3D 打印等最新技术，或简单通过金融收购，对价值链上游业务或企业采取更直接的采购或整合政策。这种模式使一些在西方国家消失的行业能够重新回归并重新融入当地的生产链，从而在生产设备供应和使用方面，为企业提供更加及时的响应服务。例如，奢侈品行业的抛光工具在未来几年将迎来巨大变化，因为高度自动化，企业即使在本土组织生产，也能盈利。

组织上：横向整合，即第二层整合，这一层涉及工业企业的各个业务职能。企业要享受数字技术红利，就必须打破各业务部门之间的隔膜，加快决策速度，为数据（21 世纪的黄金）顺畅流通创造条件，使其得以充分利用，实现价值的创造。横向整合的两个主要转变有：一方面，每个业务部门可以主动进入相邻业务部门，去收集有利用价值的数据。例如，越来越多的消费品生产商允许供应链进入自己的分销网络，走进商店，去了解消费者咨询、试用及购买的产品，实时收集相关数据，进行分析，从而优化库存和计划流程。

同时，供应链还可以申请查看工厂生产或售后服务数据，了解每一件订购产品的进展情况，从而将准确的产品周期及产品技术维修信息提供给最终客户。另一方面，这一套适用生产阶段的流程同样适用于新产品的开发阶段。数字世界通过"测试与学习"法，采取灵活的方案，在市场上快速推出新产品或新应用。工业领域也可以沿用这套方案，利用强大的数字集成，近距离和客户交流，通过 3D 打印技术将 3D 设计图快速转变为样品，并以接近同步的速度发布机器程序、计划、操作标准和工艺。在链条末端，工业企业可以通过软件企业（如工业维修领域的 Ermeo 公司或 AR 增强现实技术领域的 Diota Soft 企业）建立的模型，根据零件 3D 图和技术参数，利用 AR，快速生成预防性维护工艺或操作模式。因此，供应链、贸易、生产、工业方案、维修和产品开发等各专业之间的边界越来越模糊，联系越来越紧密。在这层整合中，每一个专业都牵涉其中，都有待改进，从而实现整体优化。

技术上： 第三层整合为跨界整合，即对工业传统产业、数字专业及转型管理进行整合。技术变化引发程度深、范围广的转型，这种转型已无法通过"孤岛式工作"完成，它需要的是复合型人才，且这类人才有能力使文化背景不同的人改变工作习惯，在日常工作中相互配合。因此，工业集团常常将新建工厂或新发起的一些转型项目委托给具有双重技能的负责人，他们既有运营管理经验，又有信息技术背景，具有非常丰富的工业信息技术资源。例如，定制厨房生产行业的领军品牌之一——司米橱柜的一个负责人最近声称，其生产周期减少了1~10 天，而且计算机工程师占到了公司人员总数的 20%。

社会和环境上： 第四层整合为边缘整合，既可以确保工厂与工厂所在地区的和谐共存，还可以最大化实现循环经济，减少污染、碳足迹和能源消耗，促进工厂生态系统各因素之间的协同合作，包括企业之间、行业之间以及工厂与当地政府、学校、居民之间的协同合作。"边缘"地区是地理学家克里斯多夫·居依（Christophe Guilluy）提出的概念[①]，这类地区在战后经历了从农业经济到工业经济的重大转变。之后，贸易全球化的加速导致法国工业 GDP 下降，在过去的 30 年间，"边缘"地区遭受严重的经济衰退。而边缘整合尤其有利于重振这类地区的经济并缓解就业问题。目前，已有不少企业行动起来，开始边缘整合，例如，能源方面，法国某家大型食品集团的工厂承诺，在 2030 年实现区域内自给自足。有的工厂已经开始提议，和本地工业企业合作，共同生产电力资源。此外，一家一线汽车供应商提出，启动"技术实验室"项目，开发最新技术，并计划向当地中小企业开放，以降低投资成本，帮助整个地区作为主要承包商达到临界规模并从中受益。目前，许多倡议已经进入实施阶段，如打通企业之间的学习路径，又如促进反周期企业分享其资源，为就业不稳定人群提供工作保障。

---

① Christophe Guilluy, *La France périphérique*, Flammarion, 2015.

4. 特斯拉的启示

　　埃隆·马斯克的交叉整合几乎达到了顶点。如太空探索技术公司（SpaceX），其火箭 80% 的部分在美国本土生产，而它的主要竞争对手美国联合发射联盟（ULA，波音公司和洛克希德·马丁公司的合资企业）一直以拥有遍布全球的 1200 家分包商而自豪，不过自豪的另一面是管理烦琐，运营低效。另外，令人惊讶的是，特斯拉的仪表板甚至座椅仍然在厂内生产，在汽车领域，这种情况几乎是独一无二的。一方面是因为埃隆·马斯克本身拥有非常明确的战略选择，意图建立高效的快速响应机制；另一方面，因为特斯拉最初过于创新，许多传统汽车供应商并不看好特斯拉模式，也不愿意投资小批量生产，因此没有跟进与特斯拉的合作。现在来看，这种模式不但为企业带来时间优势，还有利于减少价值链某个环节出现故障的风险，并使企业构建了一种新的流程管理形式。SpaceX 总工程师汤姆·穆勒（Tom Mueller）说："我们将一切掌握在自己手中，我们拥有自己的测试点，工作时间缩减了一半。"[①] 埃隆·马斯克为了掌握汽车制造的核心技术，收购了自动化领域领军企业 Grohmann。此外，埃隆·马斯克还投资了能源供应商太阳城公

---

① Ashlee Vance, *Elon Musk. Tesla, Paypal, SpaceX: l'entrepreneur qui va changer le monde*, Eyrolles, 2016.

司（Solar City），创建了多家电池工厂（他希望把这些概念卖给别人），类似的对外整合已经超越了特斯拉的商业领域。简而言之，这类整合的战略意愿是，一切能为最终消费者创造服务价值的都有被整合的意义。特斯拉的远期目标是，客户使用的产品（如汽车）通过智能电网与家庭和其他汽车相连，成为广大能源链中的一环。埃隆·马斯克还考虑过私人租车服务，客户可以轻松将私人自动驾驶汽车转租出去。类似与汽车制造主线相关的"服务线"还有很多，并继续向多样化发展。因此只有完全掌握"核心"，才能绽放"光彩"。

关于第二层整合（组织整合），阿什利·万斯（Ashlee Vance）是这样描述的：在 SpaceX 和特斯拉，他十分震惊地看到，其工作模式和多数初创公司一样，员工在一个完全开放的环境下协同办公，极客（geeks）和蓝领在车间里"肩并肩"，一同努力解决复杂问题，丝毫看不出他们之间的岗位等级和职能区别。现场参观特斯拉给人印象最深刻的是，每一位员工、每一种职能都处于同一级别，所有办公室均对外开放，即使是在生产车间，"支撑"部门与"核心"部门紧密结合，以至于第一眼看上去，很难区分其中的不同。而供应链层面的组织整合意愿更为彻底，埃隆·马斯克正在测试一种全新的物流系统，该系统将各厂区连接在一起，完全实现内部化。有人甚至认为，最近透露的"电动卡车"项目正是为实现物流内部化战略而铺路。其构想是，建立卡车车队，车队由一辆人工驾驶的卡车领队，其余卡车全部自动驾驶。对于厂区间物流，如从超级电池工厂运输电池，这种方式可以有效节约能源，降低劳动成本，带来可观的收益。此外，卡车可以在非高峰期充电，使用更便宜的电力资源。同时，该项目还能增强工厂的自主能力，提高各厂区的快速响应能力。

　　埃隆·马斯克始终强调第三层整合——技术上的跨界整合的重要性："如果你想当程序员写代码，就必须掌握力学知识。"[1]原子和比特的结合是开启新世界大门的钥匙，而连接和快速响应是进入新世界的必要条件，但仅仅通过数字化，是无法颠覆整个系统，达到我们前面所设定的目标。埃隆·马斯克是最早理解这一点的人，他的团队拥有硅谷最优秀的计算机工程师和数据科学家，并吸引着苹果和谷歌的优秀人才，而他们加入特斯拉的原因不仅仅是获得理想的薪水，更是因为对项目感兴趣。在工厂，数字化程度极高，员工几乎人人手持电脑，穿行在车间内，而开放办公空间内全是计算机设备。工业化团队解释道，尽管组织看起来没有那么强大和严谨，但专业之间如此紧密结合的情况是前所未有的，工厂的发展速度被推向了新的高度。

　　关于第四层整合，即边缘整合，埃隆·马斯克已经走在硅

---

　　[1]　Fabernovel, *Tesla, Uploading the future*, 2018.

谷同行的前面。其他大多数企业仍然选择在美国设计创新方案，在海外生产，而马斯克说："当美国不再生产显示屏和基本消费电子产品时，也就失去了开发屏幕和电池的能力，而这些对于手机制造甚至 21 世纪经济都是至关重要的。"[①] 他发迹于美国，在演讲中没有忘记表达自己对这片土地的自豪感和归属感。因此，他收购了新联合汽车制造公司（NUMMI），这是一次极具象征意义的收购。这个工厂曾经隶属通用汽车，20 世纪 80 年代初被丰田公司接管，之后美国人在这里发现了精益生产的原理。特斯拉的收购使成千上万个工作岗位得以保留，车辆本土生产所带来的附加值大幅度提高，甚至长期大规模外包的基本电子元件也重回本土生产。阿什利·万斯提到，马斯克成长于南非，但认同对美国的责任，他让员工重新找回工作的动力，为美国，也为每天所从事的工作感到自豪。

企业案例：赛威传动（Sew-Usocome）
"先于他人登上交叉整合的列车"

赛威传动（Sew-Usocome）是德国最闪亮的明星企业之一，在电机和减速电机的设计与制造领域享有非凡声誉，同时，该公司正逐渐成为工业机器自动化和工业物流自动化解决方案的提供商。2008 年，让-克劳德·瑞沃戴尔（Jean-Claude

---

① Fabernovel, *Tesla, Uploading the future*, 2018.

Reverdell）加入赛威传动，并在 2015 年之后开始执掌法国分公司。2010 年，公司管理团队认为法国阿格诺工厂（公司在法国的主要生产基地）过于狭小，难以保证营业额的持续增长，决定在布吕马特建立新工厂。出于传统的工业思维，团队决定借此机会启动一项全新项目，把该厂打造成工业 4.0 的样板。对于集团来说，这样的举措有三重意义：提高竞争力、测试集团的先进解决方案、提高公司在客户和生态系统中的声誉。在这次转型探险中，新工厂配备了最先进的自动化物流系统，一批新职业和新岗位诞生。亚尼克·布鲁姆（Yannick Blum）作为技术团队的一员，有机会参与这个项目，并在中途改变了自己的职业方向。目前，他担任 AGV 车工艺控制负责人。亚尼克·布鲁姆和让 - 克劳德·瑞沃戴尔一同分享了他们对公司转型的看法。

垂直整合：使赛威传动具备灵活反应能力

在赛威传动，垂直整合是一种长期的战略意志。赛威传动的法国公司可以生产大部分零部件，拥有电机和减速器总装下线所必需的大多数专业，如切削、机械加工、嵌线、铸造等。让 - 克劳德·瑞沃戴尔这样解释道："高度整合是我们的经管理念，我们只将一些标准件或特定专业的某些操作程序外包出去。"作为公司领导人，他认为这种结构具有无可比拟的优势，公司内部掌握所有技能，产品可以更好、更快地工业化。他还说："我们在和总部的交流过程中，也一直在思考未来客户对产品的期待。如今，客户不仅需要产品，还需要解决方案和服务。如果不进行重大整合，我们就无法紧跟市场需求，具备灵活的反应能力。"对于让 - 克劳德·瑞沃戴尔来说，垂直整合是企业发展的决定性因素。

横向整合：提高竞争力，优化生产周期

新工厂的建立使横向整合也得到加强。在布吕马特装配厂，赛威传动对公司内部物流进行了优化，内外供应商均受到一定程度的影响。其结果是物流过程"达到极致"：更小的集装箱、更快的流转速度、批量更小、批次更多。让 - 克劳德 · 瑞沃戴尔解释道："我们内部整合力度强大，与供应商的距离更近，因此公司的运营效率有了显著的提升。"订单确认后，工厂将启动协调完美的生产过程——从必要零件的准备一直到产品总装。所有零部件都存放在一个全自动的存储仓库中，该仓库运用了赛威传动开发的挑拣方案。仓库自动堆垛机在立体仓库中穿梭，挑拣不同的零件。然后拣料车在分拣台把零件依次存放在对应各个待生产产品的货盘上。随后，无人驾驶 AGV 车将货盘运输到装配岛。37 辆 AGV 车均由赛威传动设计，可以全天候 24 小时运行，由电磁感应引导，每天行驶里程达到 400 多公里。

工业信息技术与运营之间的跨界整合：项目成功的基石

传统物流方式如何转变为高度自动化运输的物流 4.0 模式？让 - 克劳德 · 瑞沃戴尔认为，关键之一是企业"信息技术"功能与"运营"功能的整合，"没有信息技术，就没有在现代工业界生存的能力，在赛威传动更是如此"。布吕马特工厂每天生产4500 件产品，所有的产品均按照客户要求的规格进行配置。一台减速电机由 20~25 个主要零部件组成，但是这 20 多个零部件挑选于 50000 多个型号。工厂以数量众多的型号为基础进行组合，可以制造数百万种不同的产品，以满足每一位客户独一无二的定制需求。为了提高量身定制产品所需的灵活性和快速响应能力，工厂的生产工具与负责订单管理和物流的计算机系统

直接连接，同时，控制生产设备的自动装置与 ERP 系统相连，因此，从订单登记到产品生产，再到成品交付，数字信息流与实体流之间实现完美同步。

工作中的信心和生活质量：被忽视但重要的价值来源

但是工业 4.0 并不等于无人工业。让 - 克劳德·瑞沃戴尔指出："数字本身不能生产产品。"改善工作环境、减少繁重的工作始终是公司关注的重心。尽管工厂的自动化程度非常高，但让 - 克劳德·瑞沃戴尔坚信，员工对工作的投入才是成功的关键。因为在未来，员工才是设备的使用者，他们对如何定义新工艺有更好的见解。让 - 克劳德·瑞沃戴尔说："首先，传达给员工的信息必须是真实的。其次，重视培训工作。在我们工厂，每位员工都会接受 8~10 天关于新装配线的培训，而关于自动化程度更高的流程，员工的培训时间更长。"最后，相信员工，使员工具有责任意识。让 - 克劳德·瑞沃戴尔解释道："我们建造了真实比例模型，让员工切实参与到未来生产线的设计中。"事实上，每一位来布吕马特工厂参观的人，都会惊讶地发现工厂内还摆放着生产线模型。因为管理层信任员工，给他们自行适配工作站的权利。他们将和精益生产的专家及工程人员合作，共同开发未来供他们使用的装配线。但这还不够，激发员工工作热情的地方往往不在生产车间。因此，每次让 - 克劳德·瑞沃戴尔来现场视察，总是先从公司食堂和其他非生产区域开始，例如，让他十分自豪的体育馆和休息空间。让 - 克劳德·瑞沃戴尔说："当然，这还不是全部，我们还经常组织业余活动，例如，幸福俱乐部，以及用再生材料制作圣诞树的比赛，等等。我相信，这些对激发员工的工作热情，提高员工的工作幸福感至关重要。"总的来说，关心员工、尊重生态系统是公司的一面重要旗帜。

新专业岗位的诞生：开启令人兴奋的冒险旅程

新工厂的建立为让 - 克劳德·瑞沃戴尔带来许多成就感，其中包括催生出新的专业工作岗位。新岗位使一批人脱颖而出，并获得面向未来的重要新技能。例如，亚尼克·布鲁姆，他于2005年加入赛威传动阿格诺工厂，担任"方法"部门技术员一职，之后便再未离开。当他回想在赛威传动的经历，他毫不犹豫地说："我是赛威传动养育长大的孩子，所以我肯定不会说公司的坏话。不过对我来说，2014~2017年是我在公司经历的最棒的时光。那时，我和100多人一同参与了新工厂的建立。这种事情不是每天都会发生的。参与兴建阿格诺工厂是一场美丽的邂逅，而布吕马特工厂则开启了一段新的旅程。"除了项目本身，亚尼克·布鲁姆还回顾了新专业岗位（AGV车工艺控制协调员）诞生的机遇和缘由，"起初，我们认为管理它们（AGV车）只需要两个人，很快我们就发现完全不够。目前，我们一共有五位员工，我负责协调，其他人两两组成一个团队，负责运输管理和机器操作。"这五个人中，两位曾经也是"方法"部门技术员，还有两位曾担任线上操作员，另外一位为新招聘的员工。这便是专业工作的变化，曾经工厂用叉车进行运输，现在使用更先进的资源对运输进行管理。"但是最困难的是如何将发现的尖端技术整合进来。"亚尼克·布鲁姆继续说道。关于这一点，和总公司的合作发挥了至关重要的作用。"德国同事对我们进行了培训，我们也白手起家，不断学习，一步一步往前走。"对于亚尼克·布鲁姆来说，整合是工业4.0的关键，也正因如此，他现在后悔当时未能掌握控制系统的全部技能。他表示："凡是涉及程序的修改，我都必须请自动化工程师来帮忙，他们会迅速采取行动，保证生产流程的正常运行。"

工业的未来在哪里？两位意见一致，亚尼克·布鲁姆说："现场工具不再是工具箱和记事本，而是笔记本电脑。"让-克劳德·瑞沃戴尔继续说道："未来，我们与客户的联系必须更加紧密，才能制造出符合市场需求的产品，提供创新服务和质量建议。但这些工作只能交给专业人才，亚尼克的经历反映了员工技能的提升，也是未来工业的体现。"

交叉整合：领导者的自我十问

（1）我是否对我的产品进行跟踪，并获取产品最终用户的相关数据，以便推出创新服务，颠覆市场？

（2）价值链的上游是否有我可以整合的战略部分？如果拥有这部分，我能否具备更快的执行速度？

（3）对新科技进行测试时，我是否尝试过整合价值链的一部分？尤其是物流链部分，以便提高我的快速响应能力和定制能力？

（4）我是否充分利用数字化，以推动数据共享，实现企业各职能部门（营销、研发、销售、供应链、生产、售后等部门）的协同合作？

（5）作为领导，我是否提倡一种透明的、开放的、互助的思想态度，以便数据共享能够产生协同价值？

（6）我是否尝试过和处于同一个生态系统中的初创公司合作，共同开发新产品或在公司运营系统内测试新技术或实现新技术的数字化？

（7）在我主导的转型计划中，信息技术团队和运营团队是否充分整合？

（8）在人力资源方面，我是否积极招聘复合型人才或培养信息技术＋运营的复合型人才？是否主动设立"工业4.0建筑师"的岗位？

（9）我是否参与本地工业集群，并支持所在行业或所在竞争力集群的各项倡议？

（10）我是否尝试过和本地工业企业或地方政府合作，改善企业在当地的环保形象，促进循环经济加速发展？

第五章
特斯拉主义的七大原则 3：软件融合

利用数字技术，突破创新，提高系统效率，充分利用链条的各个环节

简而言之，软件正在吞噬世界。

——马克·安德森

看点

- 软件融合是指工业信息技术的进化，软件进入各个层面，试图将物理世界与数字世界融合在一起。

- 软件融合涉及设计、生产和客户关系，使加速"开发—工业化—生产—售后服务"循环成为可能。

- 特斯拉表明，汽车可以被设计成具有行驶功能的计算机。

1. 什么是软件融合?

除了通过超级生产和交叉整合提高组织运营效率,第四次工业革命时代运营模式的另一个关键点在于,利用人、机器和产品的超级连接。应用程序和社交网络正在入侵我们的日常生活,它们将日常生活工具与数字工具融合在一起,或为我们提供全新的服务,或推动现有服务质量的提升,它们使交易更简化,使连接范围更广阔,为创造"使用"价值做出了重大贡献。根据国际电信联盟的统计,互联网用户数量从 2008 年的 16 亿激增至 2016 年的 41 亿,其中包括 25 亿移动互联网用户。

社交网络用户数量增加了 1 亿多,约达到 33 亿。个人数据丑闻目前对这些平台的影响不大,例如,值得注意的是,即使发生了剑桥分析(Cambridge Analytica)事件,脸书的用户数依然在 2018 年增长了 3.2%。

除了改变日常生活,软件世界还逐渐侵入各个经济领域,使制造和分配链从内部变革,以提高快速响应能力,优化执行效率,为最终客户创造形式多样的价值。2016 年,德勤有限公司对 500 名制造业高管进行了调研[1],调研结果显示智能工厂、物联网以及过程数字化将是欧洲和美国未来几年内的三大主要

---

[1]　Deloitte, *2016 Global Manufacturing Competitiveness Index*.

技术挑战。软件融合是一股浪潮，它已经持续了十几年。它是工业信息技术最高层次的变革，使软件（包括软件和数字解决方案）进入经济生活的各个层面，从 20 世纪 70 年代带打孔卡的大型计算机，到有图形界面的显示器，到笔记本电脑，再到智能手机。随着云技术、界面以及连接速度的发展，数据可以实现远端存储，计算机能够集中解决复杂性难题，界面变得更加直观。这些变革使硬件设备功能越来越丰富、技术越来越尖端。因此，多年来，互联网巨头在研发上投入了数十亿美元，而这些钱又是巨头们通过智能手机从客户身上赚取的。

具体来看，广义上的数字化使工业自动化和机器人化，并加快了工业进程，使工业进程具备学习能力。一方面，工业进程中的硬件部分（物联网、协作机器人及 3D 打印）呈指数级增长；另一方面，软件部分实现万物连接，使工业更灵活，使产品和工具使用更舒适，并将变革中的实体世界和软件世界融合在一起。在深入了解软件融合对企业的影响及其带来的机遇之前，我们先回溯第三次工业革命时代的基础之一 ——工业软件的诞生。

2. 工业软件的诞生

第三次工业革命初期，随着全球化进程加快，我们现在所使用的先进技术在那时初现端倪。在制造业领域，第一批机器人诞生，用来代替人类完成重复性或高灵巧性工作。汽车制造业是最早运用机器人的行业之一，其应用高度集中在几个专业领域，如钣金、油漆，以及总装的部分工序。不过在其他许多行业，或在小型企业，机器人的应用受到极大的限制。其原因在于缺乏机器人程序开发和维护的高级人才，且机器人使用成本非常高，使用规范非常严格，工厂需要专门设置机器人防护带或安装传感器，以避免出现事故。在数字化的发展史上，这些都是工业信息化的早期阶段，而流程工业是最早受益于自动化的行业之一。不过自动化往往孤立存在于生产流程的各个环节中，与工厂其余部分没有联系。自动化人机界面又过于简陋，只有专家级用户才懂得如何操作，不利于普通员工掌握系统安装、控制和维护。

新科技使工厂生产得到改进。之后，最早的ERP系统诞生，其应用领域远远超出企业内部操作执行的范畴。该系统可以构建企业数据，推动企业更好地与外界沟通（客户订单和采购指令）。不过，该系统安装部署十分复杂，因为它需要全公司范围内的专业人士及专业资源的支持。大多数企业都设置了专业部门，负责系统的维护和参数调整。但是在缺乏资源的小型企业，系统安装和运行失败的概率非常高，因此，这个功能强大却又不灵活的庞大系统往往得不到充分利用。在这种背景下，精益管理思想开始传播，它主张在制造车间回归"真实"，断开车间内部分信息技术系统，以便将员工的注意力集中在真实的实体流上。看板管理（使用基本的纸质卡片跟踪制造工序）或可视化管理等方法使人逐渐减少对大型系统的依赖，而这些系统（其参数总是需要调整）越来越被视作束缚现场主观能动性的障碍。

最后，为了应对技术的发展和市场的快速演变，企业各专业的组织结构固化，导致项目的横向管理被专业领域"孤立"起来。因此，要确保企业各横向进程的顺利开展（消除"孤立"的安全机制），保证工业化和生产功能之间的良好接洽，产品开发的节点规划显得尤其重要。例如，借助销售与运营规划流程（S&OP）等工具使工业规划更加专业化。

3. 软件：工业体系的新 DNA

根据规模经济，大型企业比小型企业更具优势，因为与小型企业相比，大型企业更善于产业转移，并利用产业转移大规模分摊固定成本。但数字化在日常生活中的广泛应用彻底颠覆了这种"力求大规模"的经济概念。事实上，一方面，数字化强调用户经济，对与产品制造有关联的服务有着强烈的需求；另一方面，因为非实物流，消费者习惯了购买产品时即享受提供的特定服务。这种需求逐步转移到实物商品，最直接的体现是，消费者希望所购买的商品能够一日送达，甚至一小时内送达。对于工业来说，数字化是造成行业大动荡的原因，却也是改革突破的良方。在一个每名顾客每天要使用 200 次手机的世界中，工业必须调整，以便从"手机成瘾"的行为中获取全部可提取的数据，加快产品开发，更高效地制造和销售，使数据流更通畅，从而更好地利用人才和技能，为顾客提供更优质的服务。

4. 设计过程中的软件融合

近几十年来，软件逐步应用于产品开发专业中，3D 工具能够越来越真实地展现实体对象，零件设计的速度得以加快。而现在，除了建模工具以外，模拟工具和虚拟现实工具相继出现：前者可用于产品动力学测试，使测试时间有效减少；后者可让用户在仿真环境中看到逼真的物体，并与之互动。一方面，通过这些技术，客户能够直观感受产品的实用性；但另一方面，工厂也可以利用这些技术，更好地准备产品生产的下游阶段，例如，针对受限制的工作环境，提前准备操作工艺。

此外，各工作站之间、各专业之间以及企业与客户或供应商之间的连接有利于提升企业协同开展复杂项目的能力，并产生结构性收益。不过，在一个尖端技能越来越珍贵的世界里，能够实现远距离办公，且不受软件升级和数据同步的干扰至关重要。正如产品设计，即使是在产品开发过程的最后阶段，企业也有能力灵活地将客户要求的规格整合到设计中。

最后，物理技术方面，3D 打印为传统制造和数字世界搭建了桥梁。输入 3D 数据，世界上任何一台联网的机器便可同步制造出实体物件。3D 打印可以大大加快原型制造的速度，为营销团队快速提供实体参照。与简单的 3D 图相比，团队可以根据实物进行更精确的讨论和调整。

5. 生产过程中的软件融合

在生产过程中，数字化能够带来多层次收益。在工作站，为确保流程控制和管理，操作员通常需要花 10% 的时间填写符合性跟踪、流程跟踪和可追溯性跟踪文件，而无纸化可以减少这些不具备附加价值的行政工作。同时，通常情况下，规划人员要花 20%~30% 的时间去打印生产通知单，生产准备助理需要打印操作计划或操作工艺等，而无纸化可以节省这类支撑部门的工作时间。除了提高效率，无纸化还可以降低非质量成本，因为它能够有效避免工作站不同设备之间版本协调的问题，有利于加强追溯性，利用重要信息解决与产品或生产有关的问题。

数字化还可以通过虚拟现实技术和模拟技术，加快培训进程，提高员工避免错误的能力。

在整体层面，数字化让企业对现象及相关原因有了更深入的了解，有利于加快和改进生产运行模式。因此，通过人工智能，企业能够更容易地持续学习如何将参数和结果关联起来，从而提高质量和效率。同样，借助机器学习算法，企业可以从故障分析中受益，提前预判微弱信号，消除潜在故障。

最后，运营管理者可以通过数字化现场巡视，查看与计算机系统连接的性能监控表，更顺利地执行日常工作；还可以通过结构化工作流程，更快地了解风险状况，以便快速应对。企业各部门通过强大的接口，与控制系统连接起来，产生更优的分享效应，使每一步行动的跟踪更加简单。

6. 客户关系中的软件融合

在客户关系中，产品与网络的连接具有三重优势。首先，最终客户可以更好地了解产品的使用，从而促进未来产品设计的改进。

其次，可以推动产品服务的销售，例如，提供维护服务，或有针对性的专业服务，以便更好地使用产品或系统。

最后，实体产品世界还将迎来巨大革命。物联网可以通过不断的版本升级，使产品在其生命周期内得到优化，在产品"现生产"期间，为每一位客户提供改进服务。

"断网"的产品只会随着时间的推移而失去技术价值，而"联网"的产品能够随着技术的自然发展和软件的持续升级而不断优化。

7. 整个生产链中的软件融合

数字技术最大的一个贡献在于打通了从部门到专业、从最上游的供应商到最终客户的整个价值链。数据链将价值链的各个环节串联起来，有效避免众多无重大附加价值的中间环节，提高各环节传递内容的精度，从而更好地规划供应链和平衡物流。同时，数据链还能够加速"开发—工业化—生产—售后服务"的循环，例如，企业可以通过产品 3D 图，同步完成制造计划和操作工艺文件；售后团队收到相关资料后，可以直接现场提供备件。此外，为每个专业设立一个存储器，保存基础信息，用于技术传递，以便更好地解决问题，因此，被打通的价值链使整个链条中的技能得到更好地利用（见图 5.1）。

8. 特斯拉的启示

埃隆·马斯克成长于代码文化，要理解他的思维模式，关键在于理解这样的逻辑：总是试图对信息系统结构的最高层进行规模化、复杂化，并与之连接。埃隆·马斯克便是如此构思其产品、工厂以及组织。因此，软件融合在特斯拉呈现出多种形式，特别是在产品方面：车辆设计基于强大的信息技术架构。特斯拉作为汽车市场的新玩家，其优势在于能够从零开始全面定义新的平台。特斯拉车型设计的出发点是具备行驶功能的计

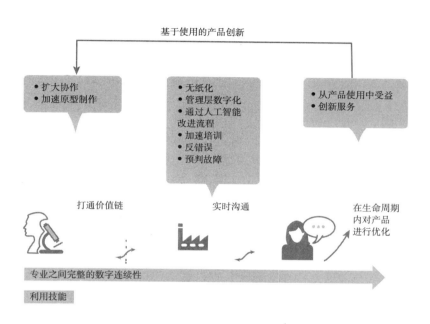

图5.1　软件融合的影响

资料来源：OPEO。

算机。这种架构能够实现内部所有组件的互联，从动力总成到内部功能，使车辆通过后续升级而日趋完美，就像软件一样。Model S 是目前市场上为数不多能够在生命周期内不断优化的车型，其优化内容包括制动系统、能源消耗和自动驾驶系统。最近，特斯拉团队通过升级固件，在几周内解决了 Model 3 车型的刹车问题。面对客户提出的要求，特斯拉能够做出及时响应，极其有利于品牌的塑造。最近，一些顾客直接询问埃隆·马斯克，是否可以增加一个设定，使车辆在关闭时，方向盘能够自动升高，座椅自动后退。一周之后，通过车辆 4G 连接（车辆就像一部装了车轮的超级 Iphone），新修改的代码随升级固件推送到所有服役车上。

除了获得更直接的客户关系，产品及操作模式的数字化加"测试与学习"法的思维还可以充分用于产品的开发过程。模拟工具高度发达，因此品牌只需要执行最少量的物理测试，如碰撞测试。设计工程师 M. 贾伟丹（M. Javidan）谈道，丰田团队在做标杆车分析时，惊讶地发现特斯拉的测试车只有 15 辆左右，而丰田的测试车达到 250 多辆。[①]

软件融合在特斯拉的另一个体现是，企业对员工的评价是基于他们开发具有出色的用户体验的产品或提出解决方案的能力，而这是数字世界最强者所珍视的原则。例如，在设计 Model S 时，团队决定在中控台上设置一个汽车市场上前所未有的大屏幕，埃隆·马斯克绕过汽车市场的"僵化"，不考虑对创新思前想后的传统供应商，而是直接联系数字硬件供应商。

最后，除了纯粹的技术方面，这种对软件的偏执还来源于领导人的心态：埃隆·马斯克很早就开始学习编码。在贝宝

---

① Fabernovel, *Tesla, Uploading the future*, 2018.

（Paypal）、SpaceX、太阳城公司及特斯拉的各种创业经历使他学会了将"比特"和"原子"结合起来，以实现两全其美。在第四次工业革命中，兼具机械和计算机双重特质意味着手握一张令人生畏的王牌。

企业案例：溯高美索克曼（Socomec）
"以全局眼光看待软件融合，为客户提供更好的服务"

溯高美索克曼（Socomec）是一家极具传奇色彩，却又十分低调的公司，其专注领域为低压电网的使用、控制和安全，并在诸多方面取得非凡成就。该公司创建于1922年，至今依然保持家族企业的运营模式，2017年拥有3000多名员工、30多家子公司，产品行销全球五大洲。基于高水平的专业能力，溯高美索克曼凭借市场细分战略，在多个领域占据世界领先地位，其中包括系统能源控制方案。罗兰·谢弗（Roland Schaeffer）20多年前加入公司，目前担任集团战略总监，是公司的中流砥柱之一。文森特·布鲁纳泰（Vincent Brunetta），曾在其他企业担任信息系统经理，目前在溯高美索克曼担任首席数字官（CDO），该职位自2014年创建以来，在布鲁纳泰的塑造之下逐渐定型。两位和我们分享了软件融合如何影响一家处于全面发展阶段的集团，而集团是如何主动出击，利用软件革命，重新审视自身战略、产品供应以及组织架构。

数字计划：坚定面向未来，触及所有专业

罗兰·谢弗见证了溯高美索克曼的多次重大变化：建立

法国新工厂、国际化、加强生产系统等。但是，这次已经持续了两年多的转型可能是对公司影响最深远的变革之一。身处于一个已经习惯定期审视和质疑自身的行业，2014 年，溯高美索克曼领导层决定启动数字计划，以加强其在专业领域的领导地位，并寻找新的增长动力。罗兰·谢弗解释道："最初，我们希望推动公司的数字连续性，以避免数据重复，从而确保整个链条的连贯性、可靠性和高效性，为客户提供优质服务。"因此，早期的工作自然而然围绕以客户为导向的原则展开：学习如何与客户建立数字连接；思考创新服务；更好地利用和看重市场和产品的可用数据等。很快，为了补充这一计划，企业又采取了两大额外措施，以使系统更加完整，并推动企业改革的深化。第一项是侧重于技能和专业的横向措施，第二项涉及对"工业 4.0"样板工程的思考。关于第二项，罗兰·谢弗强调，生态系统的主要贡献是引导人理解和反思。他特别提到，他们参观了多家当地的对标企业或致力于未来科技的专家中心，"那时，这个概念对我们来说还十分模糊。我们加入了当地的领军企业组织，我在那遇到了博世、赛威传动、标致雪铁龙集团等多家公司。我们还去法国原子能和替代能源委员会（CEA）参观了协作机器人和虚拟现实技术。我们从中收获颇多"。

建立独立而灵活的分支机构，拉动软件融合战略

文森特·布鲁纳泰认为，公司取得现在的成功很大程度上归因于实施软件融合战略。他说："我们建立完全独立的能源部门，因为选择独立的结构可以保证较大的灵活性。"罗兰·谢弗完全同意这个观点："能源部门确确实实加速了整个公司的转

型，我们从中看到了另一种工作模式的可能性，它响应速度更快，更灵活。在心理上，这一点很重要。"这个仅有三年历史的分支机构取得了令人鼓舞的成果，也是公司转型计划最大的收获之一：公司员工200余人，其创造的营业额突破了3600万欧元。文森特·布鲁纳泰确信，这样的独立机构对溯高美索克曼的市场具有深远影响："我们完全满足当前市场的需求，毕竟能源存储是一回事，而如何更好地使用能源以及什么时候使用能源是另一回事。我们的解决方案尤其受欢迎，其逻辑在于以最佳方式利用来自不同系统的数据，并将其与产品专业技术相结合。我们在能源管理方面具有领先优势，而独立子机构使这一优势得到进一步巩固，因此我们甚至征服了新的市场，尤其是美国的数据中心。"除了经济方面的收益，新的子机构与公司传统部分产生的协同效应也将在未来大放异彩。文森特·布鲁纳泰继续说道："我们创造了新的在线销售方式。在未来几年内，产品本身将必然随着数字部件的发展而不断变化。"他认为，在客户关系中，数字技术的利用主要有三个互为补充的目标：为客户带来新功能；学习更好地了解产品及其用途，以提供相匹配的服务；形成闭环产品生命周期管理，使专业不断适应需求的发展。关于最后一点，为了具体解释其在内部运行模式中的体现，文森特·布鲁纳泰本能地举出两个例子："质量部门收集到产品运行的信息，可以据此提出流程的更改，或直接远程干预；设计部门收集到产品老化的信息，然后将此考虑到产品的技术参数中，以便将来开发更可靠的产品。"

软件化之前坚实的产业组织和信息系统基础

软件融合远远超出了简单的产品开发框架。文森特·布鲁纳泰解释道:"第一层,为产品安装越来越多的软件,使硬件具备通信功能,成为实体与数字的结合,并推动计算功能从硅芯片到实际代码的转移;第二层,客户服务,例如,云计算的大量使用和围绕节能的价值主张,使我们的产品更具可配置性和灵活性;最后一层,也就是第三层,提高现场灵活度和效率,例如可配置生产线、实行无纸化。"最后一层围绕生产的优化,关于其先决条件,罗兰·谢弗强调:"公司已经做好了准备工作,因为,一方面,我们已经提前进行了生产系统的重大改革,采取了精益管理的原则;另一方面,我们已经决定更新 ERP。一开始,我们对这些情况的了解也并不透彻,但这两个因素对公司软件融合转型的成功至关重要。"不过,他还指出,公司的零部件标准化还有待改进和固化,目前,这方面的问题导致产品差异化生产的延迟和操作效率的低下,阻碍了客户接口的开发,不利于利用配置器降低"量身定制"的成本。

不断"学习",推动专业的发展

数字计划的思想还体现在,逐步将转型渗透到各个专业中。文森特·布鲁纳泰说道:"一旦技术得到验证,特定专业的团队已足够成熟,我们就会将目光投向下一个专业,并依次类推。我们从负责产品供应和报价的商业应用事业部开始,该部门转型完成、实现自主运行后,我们又将精力集中在生产部门和贸易部门。"除了这方面的战术,溯高美索克曼还在"学习"上投入巨大。文森特·布鲁纳泰继续说道:"我们健全了培训制度,建立了培训平台,开发了专用于数字化的工具。不过这还不够,接下来还需要在各个专业中发现未来的技能,并将这项工作常规化。我们的策略是,通过技术发现未来技能。例如，研发部的传统专业是机械和电子，现在我们希望加强数据科学和数字技能，并以此补充传统专业。"不过，除了推动技能的发展，技术还可用于理解市场的趋势，从而充分利用各种机会，去"颠覆"市场，或避免被边缘化。文森特·布鲁纳泰以区块链为例解释公司的逻辑："我们尝试理解最终客户的使用情况，并将他们与全新的科技连接起来。例如，区块链技术有可能完全改写能源领域的格局。我们必须学习这项技术，以了解获取技能是否有利于占领未来市场。"罗兰·谢弗强调事情的实质面："为了突破当前形势，我们创建了学习与客户中心。"最终，溯高美索克曼沿用了创建能源部门时所采用的策略：将具有突破意义的事业独立开来，并以此为驱动，然后将其运用到传统领域中。文森特·布鲁纳泰回顾了公司过去三年的投资情况："在培训工具和产品创新上，我们收获颇丰，也付出了许多，而这一切还只是刚刚开始。"

十年后的工业是什么样子？罗兰·谢弗乐观地表示："数据结构化，具有一致性，且实时更新；流程自动化；员工在安宁的环境下从容不迫地工作；技能永远越来越尖端；产品个性化被推向极致；客户关系和运营活动中无处不在的软件层……"无论如何，溯高美索克曼已经踏上改变的行程，并打算利用第四次工业革命的一切机会，去实现更新升级。

软件融合：领导者的自我十问

（1）我是否亲身感受到，市场上已经存在许多可用于我公司核心业务的数字解决方案？

（2）我是否理解计算机代码原理背后隐藏的逻辑？是否理解系统构架、软件层、编程语言和应用之间的联系？

（3）我的开发团队是否利用计算机辅助开发工具？如3D技术、增强现实或虚拟现实技术。

（4）负责现场运营的管理人员在日程管理、工作推进、警报跟踪和问题解决的过程中是否使用数字工具？

（5）为避免质量缺陷，加速培训和预测故障，我的运营系统中是否集成了数字解决方案？

（6）在开发、工业化和供应链的横向管理过程中，我的团队是否充分利用数字协作工具？我是否思考过整条链的数字化？

（7）我是否充分发挥数字化潜力，从而充分利用技能和运营标准？

（8）我是否有足够的内在技能来整合创新的软件解决方案？

（9）我是否至少完成过一次与人工智能有关的概念验证明（Proof of Concept，POC）？

（10）为收集最终客户的数据，思考创新服务，或更好地了解销售产品的使用情况，我是否将数字化纳入我的发展策略中？

第六章
特斯拉主义的七大原则 4：触手驱动

通过跨行业"触手"视野接近市场，以网络模式创造商业驱动力

网络即新资产。

——法国 Fabernovel 公司

看点

- 触手驱动是传统商业驱动借力网络效应而升级的加强版本。以数字平台为"触手"，将市场聚合，使生产者和消费者之间的关系"去中介化"，从而实现超越传统市场的更快增长。

- 数字化使传统的线性流程过渡到放射型平台。通过新平台，价值链上游成员可以直接联系下游成员。

- 根据驱动流——一种全新的流程管理原则，企业不再局限于按需生产，而是尽可能让客户参与其中，从而增强网络效应。

- 平台逻辑的特征即网络效应。工业家们即使无意从该方法中受益，但学会部署（并利用）网络效应依然至关重要。

- 特斯拉告诉我们，在工业世界中创建平台的最佳方式是通过产品建立自己的网络。

1. 什么是触手驱动?

　　我们在上一章看到,软件融合是建立公司内部连接和公司与客户连接的基石。但要真正利用数字化,充分借助数字化作为改变市场和商业模式的力量,最有效的途径是"颠覆"自身所处的行业,借助数字平台,以跨行业的眼光去思考产品的使用。因此,触手驱动是传统商业驱动借力网络效应而升级的加强版本。数字平台,即"触手",将市场聚合,使生产者和消费者之间的关系"去中介化",从而实现超越传统市场的更快增长。谷歌的市场份额便是触手现象的最好例子:2017 年,谷歌的互联网搜索市场份额占比为 93%,其索引网页数量超过了30 万亿,每天通过其搜索引擎导入的网站数量达到 200 亿! 这些既影响生产流程模式又影响增长方式的新工具具有什么样的特征?

2. 从线性流程到放射型平台

　　我们在"特斯拉主义的七大原则 2:交叉整合"一章中提到,第三次工业革命期间,企业规模扩大,专注于核心业务,同时将价值链的大部分委托给分包商,尤其是位于低成本国家的分包商。在 20 世纪末期,链条中的成员彼此愈加依赖,以满足终端消费者对快速响应能力的需求。

随着数字化的到来，两种效应叠加在一起，将这种生产模式打破。一方面，链条中的不同参与者可以直接相互连接；另一方面，如摩尔定律所述，计算机数据流的速度和内容呈指数级增长，互连和瞬时交易成为常态。渐渐地，第一批网络出现，并产生被称为"网络效应"的现象。根据网络效应，网络的力量与用户数量的平方成正比。而最近，研究人员已经证明，网络的主要影响因素实际上取决于连接用户的数量。

在这个大背景下，一种新的流程模式即将诞生，我们将这类平台称为"放射型平台"（见图6.1）。这种"双面"平台的优势之一在于生产者也是消费者，反之亦然。因此，需求的规模效应将进一步扩大。与连接受限且响应速度缓慢的传统线性世界相比，通过该平台实现交易的可能性更高。

新型流程对价值链中客户和供应商之间的传统运营模式提出质疑。它是对从生产者到消费者的传统单向流程的补充，甚至是颠覆。这种变化的重要结果之一是，剔除了链条中各成员的中介作用。也就是说，价值链上游的成员可以直接和最下游的成员，甚至是最终客户直接联系。而在传统工业界中，这种直接联系是不现实的。

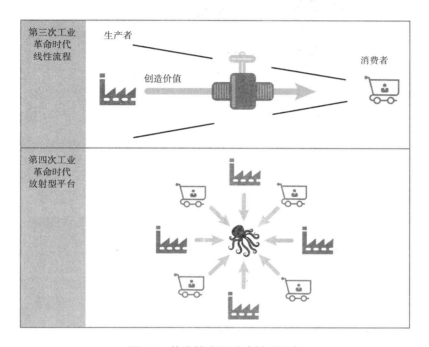

图6.1　从线性流程到放射型平台

资料来源：OPEO, Parker Geoffrey G., Van Alstyne Marshall W., Sangeet Paul Choudary, *Platform Revolution*, W. W. Norton & Company, 2016。

3. 从拉动流到驱动流

除了价值链中的互动模式有了突破性改变，拉动流管理原则也随之诞生。作为准时制的重要原则，40 年来，这种管理方式为数千家公司创造了可观的收益，并极大地降低了公司对运营资金的需求。其基本原理很简单：为了避免生产过剩，永远遵循无订单不生产的原则。

但在新模式下，产品更新换代速度很快，市场对个性定制和创新水平的要求也很高。在这种情况下，一种全新的流程管理模式（驱动流）正逐步形成。驱动流的原则不再局限于按需生产，而是让潜在客户参与到未来产品创新的融资过程中，并要求他们提前下订单。因此，客户又成为短期投资者，参与到公司的发展过程，其回报是专享成为创新产品首批用户的权利（见图6.2）。这类技术类似于互联网企业的"测试"版本，供用户测试和改进新产品。在软件领域，客户可以一键点击，快速下载测试版；而在工业界，企业不可能让用户测试一个尚未完成的产品，因此，工业领域的"测试"版还需要一些先决条件。其中，最主要的先决条件之一是创建一个足够强大的粉丝群，与这个潜在的客户网络保持持续的沟通，通过鼓舞人心的故事吸引他们参与项目，而不仅仅是购买时兴的产品。另一个先决条件是生产"联网"且能够持续优化升级的产品，这样可以避免在推出第二代产品时激怒首批用户，毕竟他们投资了产品的创新，且在产品成熟之前耐心地等待了好几个月。

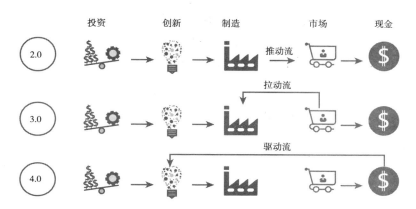

图6.2　从推动流到驱动流

资料来源：OPEO, Fabernovel, *Tesla, Uploading the future*, 2018。

4. 触手：新型跨行业增长模式

对于用户和网络搭建者来说，这种新型的放射型、触手驱动流程有四个主要优点：

- 价格优化：实时原则和大规模连接使市场价格得以即刻调整。

- 磁性：通过平衡网络中各方承担的任务和拥有的能力，实现能力的最优化。

- 指数级增长：增加一位新用户的边际成本接近为零。

- 亲密性：了解用户数据，使用户拥有个性化的"用户体验"，为用户提供一个可让其受益的服务愿景。

历史上，以 IBM 公司和微软公司为先驱的信息技术企业率先尝试了这种新的流程模式，并在之后引领一股创新浪潮，Facebook、Twitter（推特）、YouTube 等社交网络公司相继诞生。之后，这个概念进入 B2C 领域，Uber 和 Airbnb 开始"搅局"出行和酒店行业。现在，新模式已经渗透进各行各业，包括 B2B 和制造业，其涉及的交易不再限于非实体产品或服务产品，还包括实体产品。

新型流程的运营模式与传统运营模式相比，有许多不同之处。正如我们所看到的，之前工业时代的增长模式依赖于资产的聚合：公司规模越大，就越有利于分摊结构成本，也越容易控制盈利能力。传统系统结构巨大，极其耗费人力和资金。与之相反，新型平台不占有创造价值的资产，将传统上由公司专业资源才能完成的任务大规模交给用户，如控制平台流程的质量，又如提供市场营销方面的建议，为预测未来趋势、开发新产品提供数据。因此，在一定程度上，数字平台即信息工厂，不过其资产非自身持有。与传统竞争对手不同，这类公司的员工数量少，且可以不具备生产能力。例如，Airbnb和雅高酒店集团，2017 年前者拥有 3100 名员工 [1]，而后者拥有24000 名员工 [2]，但是前者市值约为后者的三倍（310 亿欧元

---

[1] 维基百科 Airbnb 词条。
[2] 维基百科雅高酒店集团词条。

vs. 130 亿欧元）。

财务方面，采用触手式网络模式的结果是对公司价值的评判来自不同的方法。平台的"市场乘数"（市场估值和市盈率之比）约为 8.2，第四次工业革命时代技术创新者的"市场乘数"为 4.2，服务提供商为 2.6，而生产传统产品的制造业为 2.0（见图 6.3）。

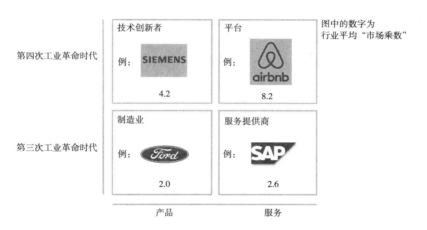

图6.3　商业的四种模式与"市场乘数"

资料来源：Parker Geoffrey G., Van Alstyne Marshall W., Sangeet Paul Choudary, *Platform Revolution*, W. W. Norton & Company, 2016。

5. 工业平台概念尚处于起步阶段

尽管市场对数字领域的平台建设充满了热情，但在工业领域，平台还是一个全新的概念。不过，许多大型工业集团已经配备了创建网络效应的工具，例如，依据反向拍卖逻辑建立采购平台，以从供应商网络中获得最佳报价或最优服务。这类平台常见于汽车或航空业，主要用于零件和消耗品采购，或新产品的市场分配。另外，这些企业还建立了电子商务网站，以补充销售渠道，提升 B2B 用户体验，提高交易质量。因此，客户根据产品目录定制产品的选择余地越来越大。例如，客户在订购厨房前，可以通过门户网站在线定制，数量众多的设备供应商在网上提供在线"配置器"，以虚拟的方式快速销售适合其客户的产品。

不过，这类工具的逻辑仍然只是单向流动：数字是用来产生交易和加快交易的，但"双面"平台的潜力还未得到充分开发和利用。最早一批见证这类"颠覆性"平台出现的是机器供应商。企业间目前正在掀起一场领导地位争夺战，试图抢占搭建机器连接平台的高地。这场战争的输赢至关重要，因为谁掌握了搭建平台的话语权，谁就可以强制推行其通信标准、连接标准、应用和解决方案，以预测故障或更好地管理机器。因此，无论是采购者还是供应商，胜者将成为工业设备制造界的"谷歌"。

对于这个行业的玩家来说，掌握平台不仅是新开辟一条"服务线"，还是争夺或保持领导地位的关键。而威胁并非仅仅来自传统竞争对手，毕竟"颠覆"市场的玩家始终善于将市场传统业务和数字世界结合在一起。而在机器制造领域，从来不缺乏类型多样的企业，如机器供应商通用公司、系统和部件供应商西门子、系统和工业资源供应商博世，以及集成信息系统供应商SAP 和软件及应用供应商达索系统等。

6．互动操作性：工业平台化的基石

互动操作性标准的定义是促进平台创建的关键之一。在这方面，数字行业比制造业领先数十年。一些背靠网络巨头，且不以营利为目的的机构会定期就一定数量的标准达成统一意见，以建立一个完全"互联互通"的环境，让价值链中的每一位成员都能够自由地创造价值，这类协议中最有名的是推动互联网飞跃发展的 TCP/IP 协议。这样的标准原则适用于计算机世界的每个层面，就像 HTML 语言之于网络图形界面，API 之于代码。因此，无论是信息类型还是信息交换方式，相关接口都高度标准化。不过标准化并不会妨碍成员在不同接口之间完全自由的操作。以上便构成了平台顺利运行的基础，接口的标准化使供需双方几乎可以实现即时连接。而双方中的任何一方都可以根据自身需求组建内部结构，持续创新，且不会危及整个平台的构造。软件行业甚至实施了"自动测试",即自动对所有新代码进行持续测试,以验证它们是否遵循接口标准。

如果我们在制造业企业推行这套模式,在零件工业化、订购、规划、预投产、生产及交付等方面执行标准化,那么供应链中的任何一个企业都可以直接将这些工作中的一部分转包出去,且除了价格外,双方无须展开特别的交流。目前,信息流和物流领域已经开始执行标准化,例如,飞速发展的物料资源计划(Materials Resource Planning)通过电子数据交换(Electronic Data Interchange)将需求和资源连接起来。在实体世界,工业物流是朝着这一趋势发展最快的专业:历史上,集装箱尺寸标准化,推动海运贸易爆炸式增长;现在,包裹的规格(尺寸、重量等)也执行标准化,因此运输一千克或一立方米的货物将变得越来越容易,"小包裹"物流将迎来爆炸式增长。

但是,这类转型波及范围极小,只涉及少数行业和专业。制造业要想充分利用这波转型,激增价值,还需探索各方之间的接口问题,积极推动改革。

7. 平台推理:超越商业模式的思维方式

数字平台的创建是突破性的,因此其实施过程也是极其复杂的。不过,在真正建立数字平台之前,工业领域可以通过一些先决条件，从网络效应中受益。例如，工业 4.0 旗舰企业的共同点之一是，为产品系列建立平台，通过最大化共享零件或组件，使企业在新产品开发过程中更具快速响应能力和灵活性。为了达到这一目标，企业需和供应商及分包商进行强有力的整合，建立共同的设计和零件明细跟踪系统。

网络化思维方式的另一个例子是为企业项目建立客户或粉丝群。这是一种在市场上创造自然驱动力的强有力的手段，通过设计思维等方法让最终客户参与设计，甚至可以通过有针对性的众筹，邀请最终客户为项目投资。

除了通过新业务带来经济收益，触手驱动还会导致企业思维方式的根本变化，如企业的社会愿景，面对团队、客户及供应商的使命，与生态系统其他成员的关系，甚至是运营模式等。因此，专注于消费者使用体验的整合方案将越来越受欢迎，企业也将试图尽可能地接近最终消费者，去推销最独特的服务。当然，这一切也会推动更优的资源共享。

最后，企业在产品和服务的生产过程中也可推行网络化思维，"按需"征用员工的智慧和双手，因此，面对市场需求，生产能力将展现出极大的灵活性。对于管理人员来说，这不仅需要企业建立新的销售渠道，更导致一场影响整个经济世界的文化革命，即便触手驱动的推广速度及其具体形式会因为行业不同而呈现出巨大的差异。

8. 特斯拉的启示

在当今的工业世界中，建立平台的最佳方式是围绕产品搭建自己的网络。埃隆·马斯克很早就明白这一点，他建造了可以互联的停车场和住宅，为远期搭建能源和服务共享平台打下基础。其策略的最终目标是，为创造价值建立有利的生态条件，使各方能够从他们不拥有的资产中获得商业利益。

例如，苹果公司基于全球各地"联网"的苹果产品和 IOS系统，通过 Apple store 搭建自己的网络。特斯拉的长远目标是，通过太阳城公司生产的太阳能屋顶，将住宅变为太阳能发电站，实现住宅和汽车之间的能源交换。一个庞大的自我调节网络将随着汽车和住宅的互联而诞生，太阳能将取代化石燃料或核能，而用电高峰、低谷也将得到调整。为了支持这一愿景，埃隆·马斯克简单解释道，太阳照射地球一小时的能量足以满足全世界全年的总能耗。因此，马斯克给自己的定位远远超出了汽车制造的范围。

此外，他还雄心勃勃意在打造一个汽车共享平台，让每一位特斯拉车主可以在特定时间段将汽车租出去。其带来的好处有三个：快速平摊购车成本，和 Airbnb 的公寓业主类似；减少服役车辆的数量，使城市降低对停车场、道路等基础设施的需求，城市构架得以重新审视；满足城市出行的实时性需求，目

前，Uber 已填补了该需求的部分空白。不过，这一切的实现还
需借助自动驾驶技术，这样无须人工操作，车辆可以自行前往
租车用户所在地，将其送达，然后再返回车主处。因此，还要
建立一个强大的数字化平台，配备高效的 GPS 系统和稳定的交
易系统。如有必要，甚至还需量身定制包括车辆成本快速摊销
等内容的融资方案。最后，埃隆·马斯克不仅关心汽车的使用，
还推出了覆盖汽车整个生命周期的保险制度，并计划建立汽车
转售平台，使汽车交易更加便捷流畅。所有这些先决条件激励
企业跳出汽车行业的传统思维，从全局出发，极大地扩展能够
有所作为的空间，让汽车行业成为一个涵盖出行、能源、协作
经济和融资等多领域的平台（见图 6.4）。

　　埃隆·马斯克在客户关系方面也采用网络模式，通过版本
升级对产品进行持续优化，收集汽车使用的数据，改变车辆买
家与厂家的传统关系，剔除"中介"作用。通常，两者之间的
关系是通过多多少少对厂家有些忠诚的经销商或完全独立的修
理工建立的。但特斯拉的运作方式完全不同，首先，在销售方
式上，特斯拉通过互联网提供直销服务，不必完全依赖特许经
销商；其次，在车辆维护上，埃隆·马斯克已经建立了机动分
队，可以给客户提供上门维修服务，以完成远程无法完成的操
作；最后，客户体验始终是特斯拉的战略核心，促使特斯拉跳
出汽车制造和销售的单一市场定位。特斯拉为车主构建超级充

特斯拉

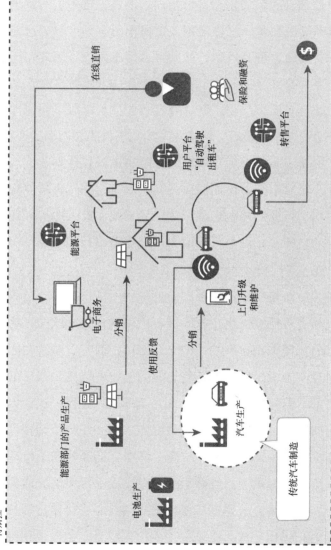

图 6.4　特斯拉的触手驱动：从汽车制造到使用

资料来源：OPEO, Fabernovel, *Tesla, Uploading the future*, 2018。

电站网络，配备车辆和住宅的接口，提供一整套在线电池服务，旨在为车主的生活提供更多便利。简而言之，特斯拉今天的部署和福特 19 世纪初所做的工作非常相似。那时，为了留住客户，福特开始开发汽油销售网络，并提供上门汽修服务。

企业案例：通用电气（GE）数字创新坊
"通过开放平台战略创造触手驱动力"

意识到工业世界逐渐向数字化转型后，GE 在全球范围内启动了多个"数字创新坊"，以支持大型工业集团的数字化转型，并重点关注燃气涡轮发动机等关键设备，以及电网或生产线等关键系统。今天，GE 数字集团依托 Predix 云操作系统，提供云、数据科学或人工智能等多样化技术解决方案。文森特·尚潘（Vincent Champain），GE 欧洲数字创新坊总经理，向我们解释了 GE 的战略选择，并探讨在第四次工业革命时代取得成功的关键因素，尤其是网络模式和触手驱动。

平台只是 GE 数字集团触手驱动众多组成部分之一

将 GE 数字集团视为一个简单的平台显然过于狭隘，因为该公司的策略是提供整套解决方案，例如，通过标准化平台销售产品，开发新的定制应用，提供维护等相关服务，或是有偿提供性能提升服务。关于最后一点，GE 数字集团致力于帮助客户改进其关键设施的性能，并对性能改进所产生的收益收取费用，从而实现双赢。

在开放模式下创新：GE 数字集团系统强大的优势之一

不过，以上措施实施起来却并不容易，因为客户眼中的任何风险都有可能成为阻碍因素：网络安全、数据保密、数据用于商业的目的等。为了解决这方面的问题，GE 数字集团采取了一项与互联网巨头（谷歌、亚马逊、脸书、苹果）完全相反的结构性策略，提出建立开放式平台。这种模式有众多优点。首先，客户可以在平台上开发甚至销售自己的应用程序，完成自己的私人订制。其次，创新的方式更灵活，且合作伙伴的选择性更多。最后，为客户提供安全感，因为客户完全拥有自己的数据，无须为数据使用或下载支付费用。同时，GE 数字集团能够为内部数据的对外保密性提供完美保障。为了表明自己的开放态度，GE 数字集团甚至开始在 GE 竞争对手生产的机器上销售其系统。

文化和组织的改变

上述转变的决策并非浅显易懂，甚至在内部一度被认为会适得其反。因此，下定决心转变的同时，企业还需进行重大的组织改革。GE 为每个业务部门配备了一名首席数字官（CDO），所有数字官向 GE 数字集团总经理汇报工作。此外，当需要针对特定主题组建团队时，例如，对某个关键机器进行优化，首要任务是在 GE 数字集团或其他业务部门，以及在公司内部或外部招聘最优秀的人才。文森特·尚潘解释道："不管在哪种情况下，有的人才总是十分稀缺，例如，数据科学家，因此我们必须适应这种新的组织模式。"无论如何，这种新的组织模式催生出相对不同的工作模式。文森特·尚潘继续说道："这个项目仍在进行中，我们距离终点还很遥远。"不过，愈加频繁的内外交流对文化的适应性也产生了积极的影响。

交叉整合：新世界的关键原则

"交叉整合"必须战胜旧世界的割裂思维模式，而开放与内部技能的交叉不是确保这场斗争胜利的唯一利器。例如，产品即某种形式的交叉——客户或合作伙伴的私人订制与标准化的交叉。不过，这一切都只是程度多少的问题。例如，对于组织模式而言，较多支持"集中"模式有利于同步和节省，而弱化"集中"模式则有利于团队在不受中央管控的情况下积极创新，但也会导致解决方案的重复建设。如果从更宏观的角度来看，价值本身的创造也将越来越成为实体世界和数字世界交叉融合的结果。文森特·尚潘的看法与固有观念相反，他认为实体产品将始终占据价值总量的 90%，但成功者必定懂得如何将实体产品与数字产品相结合。就像人工智能，它只是成功的诸多前提要素之一，而专业技能或人力资源仍将是必不可少的基础。

建立目标，改变现状，提前转型升级

如何利用一个交叉融合将成为常态的新世界？文森特·尚潘认为，对于管理人员，最重要的是树立长远目光，了解新技术对业务的潜在影响。为此，管理人员需要从四个方向进行思考：我是否做好利用数据科学的充分准备？我的团队能否灵活地设计产品或解决方案？为实现快速转型升级，我的基础设施，尤其是云技术是否足够强大？我是否已经详细了解现有系统的互联互通？重要的是，不能长时间墨守成规，必须提前行动，即使前进的路上会遇到障碍。文森特·尚潘提到这点时，引用利诺·文图拉的一句名言，幽默地说道："满足现状是我最大的敌人。在新世界，行动起来的傻瓜一定比坐着的聪明人走得更远。"

在开放的模式下，从全局思考；对文化和组织进行调整，

为系统必要的交叉做准备；具有远见卓识，但同时脚踏实地地快速行动，为转型提供具体措施。GE 数字集团的战略愿景明确，即推行触手驱动，并使其价值最大化。显然，触手驱动已经嵌入集团的 DNA。

企业案例：卢克索照明（Luxor Lighting）
"触手驱动首先是一种增长动力"

卢克索照明（Luxor Lighting）为汽车行业设计、开发和制造集成 LED 技术的产品或功能，其客户包括整车制造企业或一线大型供应商。2012~2015 年，该公司经历严重危机，营业额下降 30%。而 2015~2018 年，公司扭转局势，重新获得出色的增长业绩，营业额实现 100% 的增长。公司漂亮转身的重要秘诀在于，基于"触手驱动"逻辑，进行准确的市场定位，与客户和供应商共同营造开放的思维模式。公司总裁帕特里克·肖尔茨（Patrick Scholz）于九年前加入公司，他见证了公司的转变，向我们讲述了公司成功背后的原因。

通过"触手"方法赢得市场

帕特里克·肖尔茨离开一家德国大型工业企业，加入卢克索照明。"客户不再信任我们"是他决定启动公司转型的原因。为此，公司开启了好几个项目。第一个是战略性的：对产品设计进行优化整合，从而与客户建立更紧密的连接。帕特里克·肖尔茨在数字仿真系统方面投入大量资金，以更好地满足最终客户——汽车制造商的期望。他说："一线供应商专注于前大灯和尾灯生产，而我们专注于车内照明和一部分车外照明生产。

但要让整车厂完成完整的标志性照明，关键是如何和他们实现数字上的整合。"此外，日常工作也通过电子数据交换系统实现整合。关于价值链的另一端，公司也在思考如何与供应商和解决方案提供商实现更好的整合。公司与一家专注于机器人技术的本土公司开展合作，后者帮助公司设计特殊机器人。帕特里克·肖尔茨解释道："这一点非常重要，因为它可以提高我们的工作效率，使我们更具信心。"

生态系统与当地触手的良性效应

除了公司本身因素，帕特里克·肖尔茨还坚定认为，整个生态系统在公司复苏中起到了决定性作用。"触手驱动还涉及公司所在地区。"一方面，当地政府为购置新的工业用地保驾护航；另一方面，公司践行的企业社会责任（CSR）政策为管理人员提供不一样的思路。此外，帕特里克·肖尔茨很快注意到，"本土制造"还可以成为一个有力的卖点："过去多年，产业转移一直都是趋势，而现在，这种趋势日渐消退。汽车制造商的思维也有了变化，现在他们更需要的是快速响应能力，价格因素不再那么重要。地理位置的接近使我们更具优势。"

整合战略专业，赢得灵活性和自主性

除了启动战略项目，公司还在实践上进行了改革，以赢得灵活性。首先是建立精益生产制度。帕特里克说："齐心协力，自我反省。"公司对流程进行了重新定义，推出快速反应质量控制方法（Quick Response Quality Control），改进现场可视化管理。下一步将实现流程的数字化和生产办公的无纸化，从而进一步提高公司的竞争力。不过要具有灵活性，公司还需掌握与照明系统设计相关的核心专业，而卢克索照明已经逐渐掌握了

光学和力学方面的全部技术。"这一点至关重要，因为它使我们赢在开发的起跑线上，从而最终赢得市场，"帕特里克·肖尔茨继续说道，"一旦拥有了电子技术，我们将掌控整个产品，而与客户的联系将得到进一步加强。"

实现透明化，提高员工责任意识

卢克索照明的触手还伸向了公司内部。帕特里克·肖尔茨尤其注重与员工的沟通，他创立了月度沟通制度，甚至和员工解释公司账目的细节。帕特里克说："一开始，这个制度执行起来并不容易，大多数员工对此不感兴趣。但最终，我们通过这种方式建立了真正的信任纽带，并极大提高了员工的责任意识。"现在，帕特里克·肖尔茨认为，面对可能出现的危机时，自己已经更加强大了。卢克索照明与客户、供应商、生态系统和员工之间建立的关系更加牢固。帕特里克·肖尔茨认为："网络模式的确行之有效，关键在于带着思考去工作。我今年54岁，但我依然被这个日新月异的工厂世界所震撼。虽然未来的工厂只需要更少的人，但人类总能在其中占据一席之地，因为进步的基础是集体智慧。"

触手驱动：领导者的自我十问

（1）我能否和我信任的供应商开展更进一步的深度整合，以提高快速响应能力？

（2）我是否思考过基础系统或组件的标准化，以创建产品平台？

（3）在我所处的价值链中，我是否可以和最终客户建立直接联系？

（4）与竞争对手联手合作，为客户创造新的增值服务是否可行？

（5）哪些客户数据可以帮助我们改进未来产品的设计和开发？

（6）能否通过连接或社交网络获取产品数据？

（7）能否通过数字平台扩大公司现有的业务范围？

（8）我是否尝试过为忠实客户建立网络？

（9）如何更好地充分发挥客户的作用，推动产品的持续改进？

（10）我的团队是否了解平台概念或接受过相关培训？团队成员在采购或发布信息时是否使用平台？

第七章
特斯拉主义的七大原则 5：故事制造

激励世界，脚踏实地

当我们超越激情的极限时，便具备了成功的能力，即便所有人都认为这很疯狂。

——传记作者阿什利·万斯对埃隆·马斯克的评价

看 点

- 故事制造是指在公司内部，或面向客户和投资者，甚至是在整个社会，利用鼓舞人心的目标激励人们的能力。

- 构建这种愿景不仅仅是为了征服市场，还意味着根据活动存在的理由而改变活动。

- 这种沟通方式通常是矛盾的，因为它既需要对沟通时间和沟通渠道进行全面监督和控制，又要求始终保持高度透明。此外，它还意味着领导者的全面承诺。

- 这种沟通方式在吸引顶尖人才和建立粉丝群方面具有重大优势。

- "全力以赴推动人类生存空间从地球拓展至太空"，埃隆·马斯克这一愿景驱动着特斯拉前进。

1. 什么是故事制造？

　　连接工业系统并助推其发展是将特斯拉这架火箭成功送入轨道的两个必要先决条件。诚然，我们在前几章介绍的四大技术和组织支柱必不可少，但是如果不为企业和其业务制定一个比纯粹的商业愿景更全面、更鼓舞人心的愿景，企业也很难持续发展。故事制造是指在企业内部，或面向客户和投资者，甚至是在整个社会，利用鼓舞人心的目标激励人们的能力。其实，通过故事传播思想的方法由来已久，但这种方法直到最近才大规模运用到经济和政治领域，因为在当今社会，宣传的地位越来越重要，好的宣传被视为成功的关键。2017 年，YouTube 的视频日播放量达 10 亿小时（为 11.4 万年），Twitter 的推文日发送量达 5 亿条，Facebook 的日登录用户数达到 14 亿人，其中 12 亿人通过移动客户端登录。

　　"故事制造"概念是"故事讲述"的衍生，不过与后者不同的是，故事制造不仅仅是"讲述"伟大的故事，更是"行动"起来，树立榜样，并通过企业的价值观和日常的具体言行（尤其是领导者的言行）证明其真实性（见图 7.1）。

图7.1 故事制造的四个方面

资料来源：OPEO。

2. 从产品推广到鼓舞人心的故事

第三次工业革命时代初期，产品开始私人定制化，客户及其需求受到越来越多的关注。产品拥有了真正意义上的合理价值，例如，在汽车行业，品牌会突出性能和质量以吸引男性，突出优雅和青春以吸引女性，而用娱乐吸引年轻一代。尽管如此，外界与企业的联系还只限于少数几个部门，如商务、营销或售后服务部门。而企业的内部举措，如强调为客户创造价值的精益生产，依然停留在以工厂为中心的层面。企业在工厂内始终强调"客户"这一概念，以集中力量办好事情。

但事实上，真正的客户很少或几乎从未与工厂有所接触。

随着现场工作人员、机器、产品的超级连接，企业的内外界限开始逐渐模糊。因此，为客户和雇主品牌分别制定营销策略的宣传模式已经过时。特别是随着新一代人对意义的不断追求和科技呈指数级不断发展，如何吸引最优秀的人才正成为取得成功的重要因素。因此，脸书首席执行官马克·扎克伯格（Mark Zuckerberg）表示，"一个向前发展的企业必定有一个心怀世界的愿景，并愿为每一位员工投资"。故事制造的目的不再是瞄准某个细分市场或某一位客户，而是为企业生态系统的每一个参与者，包括员工、青年才俊、公共机构、媒体、合作伙伴及供应商等，创造一个可理解、可领会，并鼓舞人心的连贯的故事。

因此，管理者必须为企业规划一个超前的梦想项目。

3. 投资回报率已死，梦想万岁

在大多数情况下，要完成颠覆性任务，就必须采用颠覆性的方法。初创企业在早期阶段需探索合适的商业模式，可以预见的是，他们在这个阶段缺乏盈利能力，其损失需通过后期指数级增长来弥补。因此，一个能够激励团队坚持到底的公司愿景至关重要。然而，工业世界的天性是追求短期效率，因此其文化往往与关于投资的财务愿景相关。面对员工提交的投资申请，一个好的工厂经理会花时间迎接"挑战"，用事实来分析并支持其论证，以确保每一项投资能够在最多18个月内获得收益。但要顺利进入第四次工业革命时代，就必须具备彻底的突破性思维，尤其是领导者。为准备未来而投资，首先必须通过结构性和连贯性愿景铸造一个坚定的信念。构建这种愿景不仅是为了征服市场，还意味着根据活动存在的理由而改变活动。老板越相信他的愿景，越果断勇敢，越具有说服力，他就越能引导团队从长远的角度做出投资决策，而决策的基础不再是本土盈利的逻辑，而是全局整体的思考。

因此，在多数未来工业的领导企业，信心被放在重要位置，决策者们接受同一个愿景的指导，而信心被认为是帮助每位决策者做出正确决定的基本要素。不过，宏大愿景并不是随意投资，决策者也不是自命不凡的技术狂人，而是像家长投资孩子一样，为企业的未来做准备。

4. 媒体型老板：在外酷炫，在内铁腕

领导者如何成功传达自己的愿景？其挑战是艰巨的，因为这既涉及与生态系统每位成员建立亲密关系，又不能过多暴露，给竞争对手轻易抄袭差异化模式的机会。在特斯拉的宣传模式中，我们能看到某种形式的悖论，这种悖论同样体现在许多现代领导人或政治家的身上。

一方面，特斯拉的对外沟通风格是直接、非正式的，常借

用社交网络；另一方面，对内部的运行模式严格保密，以避免指数级增长带来负面影响，即颠覆性造成自身模式的破坏。其真正目标在于掌握沟通信息、沟通时间及沟通渠道的选择。例如，在特斯拉，埃隆·马斯克本身即媒体，会及时回应向他提问的客户，并且每天会发送多次与项目或公司进展有关的推文。因此，一切看起来似乎十分透明。为了推动创新形式的开放，埃隆·马斯克还开放公司软件多个要素的源代码，并官方宣布其他制造商可以直接复制，因为他的最终目的是为全球能源转型做出贡献。然而，当你试图了解特斯拉内部运行模式时，你会惊讶地发现公司大门紧闭。例如，为了完成此书，我们接触了许多特斯拉的在职或离职员工，但从未获得官方采访的机会。同样，公司为访客进入工厂参观制定了一份强硬的保密协议，对现场行为进行了严格规定，即使参观不涉及任何保密信息。

因此，在外酷炫，在内铁腕，特斯拉的沟通模式看上去比实际上更复杂。

5. 技术型老板的回归

随着20世纪80年代经济的金融化和全球化，成为一个伟大的工业领导者的必备品质似乎更多涉及"商业"和"政治"能力，而不是技术和专业能力。因此，许多大老板依靠自身的分析和管理才能，成功完成跨行业转型，掌舵大型集团。不过，德国和日本则是例外，两国保留了从国家工业中挑选领导者的文化习惯，并取得成功。近年来，在其他许多国家，尤其是汽车行业，形势出现了相当明显的逆转。例如，在法国，雷诺的卡洛斯·戈恩（Carlos Ghosn）和标致的卡洛斯·唐唯实（Carlos Tavares）都有能力就每一项议题进行细致入微的剖析，因此也给身边的员工带来压力。同样，在特斯拉，埃隆·马斯克能够对每个重要议题的进展（从开发到生产）进行定期和详细的分析。特斯拉的员工们提到，与埃隆·马斯克的讨论总是充满压力，因为他"挑战力"十足，并期望得到有说服力、基于事实且雄心勃勃的回复。他的传记作者阿什利·万斯解释道，在某些情况下，如果他觉得一个项目管理不善，会毫不犹豫地亲自管理，以向相关人员演示如何工作，并确保每个人都能从中受到启发。

6. 特斯拉的启示

埃隆·马斯克对工作的各个技术方面都表现出极大的兴趣，要了解其原因，我们还需回到他的童年时代。阿什利·万斯提到，埃隆·马斯克是最早一批年轻时就学会编程的"极客"之一，他一直对计算机充满热情，也对物理学兴趣颇深，这也是他为何以"第一性原理"作为人生信条的原因，关于这一点，本书在"特斯拉主义的七大原则 1：超级生产"一章中也有所论述。马斯克的观点简单明了：无论待解决的问题是什么，总是回到其背后的物理原理，以确保自己摆脱行业和系统任何规则或习惯的束缚。

在写这本书时，我经常听到类似的想法："特斯拉是行不通的，它就是一个资金无底洞。"但是，与马斯克关系动荡的金融市场为什么依然选择信任他？这种显而易见的矛盾是对企业本质严重误解的反映。特斯拉仍然是一家初创企业，投资者并不愚蠢：他们的赌注是马斯克的最终愿景。马斯克为企业设定的使命影响着他的整个沟通和宣传风格，也完美阐释了"故事制造"的概念："特斯拉的使命是加速世界向可持续能源的转变。"通过这个使命，我们得以更全面地了解马斯克的沟通和宣传方式。特斯拉关注的不仅仅是客户，产品只不过是达到目的的手段。因此，特斯拉对自身的定位不仅是汽车制造商，更是能源转型的重要力量。其整体构想是通过一系列行动，变革人类的出行方式：生产利于环保的汽车；为汽车配置自动驾驶功能，解放用户在车上的时间（美国人平均每年在车上花费的时间为 12 天）；车辆的维护需求低于平均水平（比传统燃油车节省 80%）；使汽车与清洁能源网络互联，并使能源的储存和回收更容易；汽车按需使用，客户可以在汽车闲置的情况下将其出租。这一愿景实现的结果是，现有道路网络和基础设施将会过时，城市建筑及生活环境将迎来翻天覆地的变化。此外，实现清洁能源汽车的共享有利于减少道路上汽车的数量，从而降低噪声和污染水平，人类终将迎来一个完全重新配置的城市。

但是，除了用这类"完整且连贯"的愿景说服和吸引大量人才，埃隆·马斯克还喜欢展露激进的目标，从而使大家围绕一个共同的追求广泛联合起来。"殖民火星"计划就是突破性思维最好的例子。毕业生加入特斯拉，其成就感不在于找到一份新工作，而是感觉在参与一项拯救人类的项目。因此，当你走进特斯拉时，仿佛进入一个"极客"俱乐部或实验室，而不是一个工厂或研发中心。

"故事制造"离不开"实际行动"，因此伴随宣传的是非常具体的行为。埃隆·马斯克是一个"实干家"，他经常联系最好的大学，寻找最优秀的学生，并亲自接待他们。他全身心地投入他的各个公司发起的每一个新项目，并怀着雄心壮志，为项目设置一个远远超出相关传统行业做法的超高标准。因此，他强制要求团队走在顾客需求的前面，为 Model S 开发了可伸缩门把手，为汽车设计一个市场上前所未有的超大中控屏，给顾客带来前所未有的视觉体验。特斯拉开发的所有产品必须超出市场的预期，即便是微不足道的地方，也要力求完美，这也是史蒂夫·乔布斯（Steve Jobs）的特点之一。一位和马斯克一同参与 Model S 遮阳板设计的工程师谈道，马斯克说过："我们要为车辆开发一个世界上最好的遮阳板。"在员工的日常工作中，马斯克正是通过设置极高的标准传递他"故事"中蕴含的极度雄心。而雄心不仅仅是纸上谈兵，马斯克在工作中身体力行，甚至在必要时，亲自完成一些基本的工作。SpaceX 的总工程师提到，埃隆·马斯克在不得不辞退一个不合适的员工后，能够有条不紊地亲自落实各项工作。最后，埃隆·马斯克在公司的对外宣传中也发挥着重要的作用，他在 Twitter 上拥有 1210 万粉丝，超过了全球前十大制造商的总和，而他在 YouTube 上的视频播放量超过了 3000 万次。

总体而言，埃隆·马斯克所传达的"故事制造"理念是特斯拉主义的一个重要元素，而这一理念也让特斯拉收获颇多：在硅谷这个人才高地，互联网巨头使人才争夺战更加激烈，而特斯拉依然能吸引到最优秀的人才。2017 年，特斯拉成为最具吸引力的公司之一，收到超过 50 万份的求职申请。上一家大型汽车制造商的创立还是 20 世纪初的事情，而特斯拉正在使汽车制造这个古老的行业重新获得吸引力。

特斯拉在美国大学生最喜爱的公司中排名第六，相比之下，无一家其他制造业企业进入排行榜的前 50 名。特斯拉的营销预算比主要竞争对手低 40%，其客户形成了一个强大的粉丝群，大多数车型都接受过客户的筹款资助，即使产品开发尚未完成。这正体现了我们在"特斯拉主义七大原则 4：触手驱动"一章中所描述的驱动流原理。

不过，特斯拉沟通模式的另一面是要求极高的管理模式：埃隆·马斯克强调执行严格的工作水准以及高度批评性的评估过程。例如，一位离职的员工告诉我们，在 Model X 的开发过程中，好几位非常杰出的工程师离开了公司。为什么？关于后车门的开启系统，开发团队对采用微改型的版本进行了充分的论证，但埃隆·马斯克对自己的观点丝毫不退让。此外，特斯拉对人才极具吸引力的同时，企业管理人员频繁流动。员工待遇低于当地的平均水平，同时承受着巨大的压力，一旦与公司出现分歧，则可能失去工作。因此，对新入职员工的培训是公司目前面临的一个较大瓶颈。此外，基于能力和信心的管理模式也有不足之处。有的员工能够充当一名"好士兵"，可以快速晋升，但随后在能力方面达到上限，尤其是涉及工业效率的技能。因此，公司比任何时候都更急需专业人才，因此外界招聘的大门必须敞开。

企业案例：ALFI 技术公司
"故事制造首先是领导者的愿景和个人驱动"

　　ALFI 技术公司专注于提供工程技术、运输线制造和自动化生产解决方案。自 2009 年起，雅恩·乔伯（Yann Jaubert）执掌公司，并对公司进行重新改造和提升，他和我们分享了他的"故事制造"理念，回顾公司如何在这个充满变数的领域再次复兴，以及最终领先对手、赢得胜利的关键因素。借助数字化，通过强有力的推动，雅恩·乔伯构建了新的企业形象，并使之不断改善，得到了客户和员工的信赖。在对话一开始，雅恩·乔伯便指出了这次转型的系统性："我们所经历的是迄今为止最重要的史诗级转型，它组成了一个完完整整的故事，从中很难挑选出特别的片段记忆。"

以共同命运为框架定义"为什么"：在新世界成功的关键之一

这次成功转型的关键之一在于，定义一个条理清晰且超越制造和销售机器简单逻辑的愿景。雅恩·乔伯说："如果您跟一个刚刚离校的年轻人说，您是一家机器生产商，正在招聘自动化工程师，那您有可能招不到任何人。"在雅恩主导的变革故事中，他成功开发新顾客、留住老顾客和吸引年轻人才的主要原因有三个：第一，定义一个共同的命运。共同命运既可以指具有相近运营模式和使命的多个实体共同组成的公司，也可以是一个朝着鼓舞人心的目标、为定义行业未来工业流程做贡献的团队。第二，告诉团队他们正走在通往数字革命的道路上，即使"我们在日常工作中感受不到，但这次革命确实在逐步进行"。第三，关键原因是技术方面的领先。AFLI技术公司能够取得领先地位，主要归功于虚拟工厂概念。通过虚拟工厂，ALFI的各个专业领域得以进行程度更深的整合，并能更灵活地设计和制造运输线，为客户提供创新服务，从而使自己与低成本国家的竞争对手区分开来。

故事制造首先是领导者的个人驱动，领导者必须从亲自接受未来技术的培训做起

雅恩·乔伯非常清楚，对于任何议题，第一驱动力始终来自领导者。领导者必须亲自了解新技术的来龙去脉，熟悉其中的每一个细节，以便正确选择新技术并提出合适的策略。例如，一方面，雅恩·乔伯便接受了人工智能培训，选定了几家初创企业，并与之合作共同构建计划，对企业产品的概念进行测试。而即使是企业的合作伙伴也难以轻易找到实施特定技术的最佳方式，这使得领导者承担的角色更为重要。雅恩·乔伯说："初创企业通常有很棒的想法，但缺乏一个测试想法的清晰计划。此外，我们不能认为数据能解决一切，也不能在对数据进行存储后就草草了事。专业能力仍然是创新和开发相关解决方案的关键所在。"另一方面，让团队成员进入项目并接受培训。他认为："为了成功，有的公司会直接雇佣数十位数据科学家，但这种做法是完全错误的。我们自己必须先了解这些新概念，然后对其进行逐一测试。"

未来的领导者还将承担媒体责任，为塑造公司的生态系统做贡献

因此，了解未来的技术并提出测试技术的正确策略至关重要。但首先，企业必须与生态系统相连接，从而通过新想法，实现持续的改善，并推动企业愿景的升级。不过，雅恩·乔伯认为，企业没有所谓的"生态系统"。生态系统是一个动态概念，领导者通过社交网络等工具，随时待命，创建自己的生态系统。他说："是的，我认为我就是媒体，因为我经常就公司的愿景进行宣传和沟通。同时，社交网络也是我每天获取信息的重要渠道。这部分工作已经写入我的日程表，是我作为领导者应该承担的责任。"因此，自企业建立以来，ALFI的生态系统发生了重大变化。他还表示："十年前，围绕我的大部分是机器人生产商，而现在，我正准备与一家创新型初创企业会面。正是通过这些会面以及我们与客户之间不断的交流和讨论，我们得以发现新的想法，并且逐步改变公司的生态系统。"

展示概念验证的具体成果，激发团队热情

光有想法是不够的，因为 ALFI 战略计划的目标显然是提升盈利能力，团队也非常清楚这一点。而激励团队的关键之一是展示在概念验证上取得的具体成果。雅恩说道："在做白日梦之前，必须取得具体的成功。"例如，ALFI 在某次展会上展示了虚拟工厂 POC，并因此成功开发了一家新客户（一家非常大的德国分销集团）。他说："这次成功非常令人难以置信。客户参观了我们的展台和公司，我们成功模拟了包裹的运输过程，并达到了非常精细的程度，包括包裹的摩擦、震动等。最后，客户被我们说服，并订购了一台机器。我们常说德国是工业 4.0 的国家，因此，能获得这家客户的订单让团队备受鼓舞。"此外，公司还要识别出一定数量的先锋型员工，让他们参与到各个项目中，并带动团队的其他成员。

模块化、数据和数字平台：未来几年的重要挑战

今天，ALFI 能够取得成功，很大程度上依赖于数字仿真。通过数字仿真，公司缩短了从设计到销售整个流程的时间，能够销售创新服务。雅恩·乔伯解释道，曾经，他的团队需要几个月的时间定义和绘制一条有效的运输线，并满足客户的具体需求，而现在周期缩短到几周，而且开发成本更低。当然，这方面的成功也离不开深思熟虑的模块化政策，这个政策的构思没有采用"大爆炸"模式，而是逐步部署的。雅恩解释道，每项创新都是一个"插件"，为公司增添新内容：它既可以加快流程的速度，还可以启发公司形成新的工作方式，并且还能充当用来加强基础的标

准组件或子系统。他说:"过去发生的变化如此之大,需要一年才能安装庞大的 ERP 或大型 CRM 系统的时代已经结束了。"未来几年,公司将面临新的挑战:在工业机器制造的整条价值链内,在数据收集和使用方面占据有利地位。雅恩还说:"今天,这个市场上有许多有力的竞争者,如博世、通用电气、西门子和达索系统等,谁都想在价值的重新分配中占据最佳位置。这将是一场硬战,每个人都想建立自己的平台,成为一支不可回避的力量。"

未来,尤其在欧洲,工厂更灵活、更智能,人类也将拥有自己的一席之地

尽管如此,雅恩·乔伯仍然脚踏实地。他说:"我们不属于 B2C 领域,不应该为错误的方向战斗。工厂里总会有轰鸣的声音,也总需要人来驱动机器。因此,未来不是粗暴的颠覆,而是一场没有终点的竞赛,我们需要超越对手,而不是与重要技术擦肩而过,眼睁睁地看着对手赢得胜利。"对他来说,未来的工厂将更加灵活,更加智能,并对在工厂内工作的人类产生重大影响。他说:"届时,对于员工,我们必须持续不断地提出和传播激励人心的愿景,因为人类技能和文化的演变往往很难跟上技术的发展。"这恰恰也是 ALFI 近年来最大的收获之一:借助数字革命,逐步重建一个动态和创新的公司形象,重新夺回流失的客户,再一次恢复员工对公司的自豪感。雅恩认为,在这场世界领导争夺战中,行将迟暮的欧洲胜算巨大,"我们不具备美国或亚洲相对容易获得资本的武器,但我们善于管理传统行业,具有调动团队创新的能力,这些将带来真正的改变。我相信,在一个现代化程度高、竞争能力强的欧洲,工业必将拥有自己的立足之地"。

故事制造：领导者的自我十问

（1）我是否花了足够多的时间来逐条梳理我的使命、愿景和运营策略？

（2）我的愿景是否足够鼓舞人心、足够"突破"，以吸引最优秀的人才并使我的客户加入粉丝群？

（3）我是否拥有快速响应的渠道，如企业社交网络，以分享我的愿景，快速传达消息，并收集每位员工反馈的一手信息？

（4）我是否足够清晰地向外部（例如地方政府、金融伙伴和客户）传达我的愿景？

（5）作为公司的媒体，我是否充分活跃？

（6）我是否有 Twitter 账号，是否在所有的社交网络上拥有一致的个人资料，并定期审核我的沟通方式？

（7）我是否有足够的时间和现场团队一起参与产品的开发和高效生产？

（8）如果有必要，我是否有能力代替任何一个创新项目的负责人，并一直坚持到最后？

（9）我是否充分接受过新技术和公司基础专业的培训？以便有能力与每一位员工进行直接讨论并在短时间内做出正确决策？

（10）我在现场的时候，是否能以一种清晰明确且充分激励的方式传达公司的战略和目标？

第八章
特斯拉主义的七大原则 6：初创型领导

在企业的每个角落宣传初创精神，鼓励积极主动性，推动团队发展

当他决定开始做一件事情时，他投入的精力比任何人都多。

——阿什利·万斯对埃隆·马斯克的评价

看 点

- 初创型领导既是一种系统，也是一种管理态度，能够提高团队的责任意识，激发创造性、积极性和集体智慧。

- 要让团队承担更多责任，需提前对管理系统和管理行为进行改造。

- 未来的领导者既是领导也是教练，与上一代领导者相比，他们需承担更多角色：栽培者、挑战者、加速者、实干家、侦察兵。

- 埃隆·马斯克的态度完美反映了这一新型管理系统的特征。

1. 什么是初创型领导？

　　故事制造是第四次工业革命时代企业领导激发员工的能力，但如果缺乏传输路径，这种形式的激发只会在工业系统中不断稀释。因此，在领导者部署野心、施展能力这一方面，初创型领导的特质能够满足建立现场镜像效应的需求。初创型领导是一种系统，也是一种管理态度，能够提高团队的责任意识，激发创造性和主动性；同时定期实施培训，使每一位员工都能得到发展，并且与公司共命运，同发展。大多数成功的初创企业具备非常灵活的反应模式，能够围绕一个鼓舞人心的项目，积极创造正能量。而初创型领导的精髓就在于将这样的初创精神注入每一个团队。

　　但在工业领域，仅有初创精神是不够的，重要的是确保系统的整体一致性，并使每位员工能够为集团贡献力量，以产生集体智慧。然而，《工业周刊》（Industry Week）2016 年在美国做的一项调查①显示，工业界管理人员将领导模式培训、绩效管理和未来技能培训视为企业吸引力的三大基本要素。这个调查结果意味着企业需要新型管理模式（组织、角色和责任、绩效指标、问题解决方案、日程和时间管理）和基于新型领导形式的新型管理行为。

---

① "The Future of Manufacturing, 2020 and Beyond", *Industry Week*, 2016.

2. 从金字塔结构到持续改善法

20 世纪初，现代工业主要围绕爱德华·米其林（Edouard Michelin）或亨利·福特（Henry Ford）这样的工业巨头而构建。他们具有卓尔不凡的见识，有能力通过"指令"方法管理大型团队，对行业有着深远的影响。这是一个富有远见的领导者的伟大时代，他们管理的系统主要呈金字塔形：高层做决策，工程师开发运行标准，员工负责执行。到了 20 世纪 60 年代，丰田系统彻底改变了这个模型。当时，丰田的直接竞争对手通常认为，丰田的决定性优势是准时制、标准化或一整套非常具体的现场工具，但事实上，管理模式才是丰田系统成功的关键。丰田系统建立的基础源于底层的优化，为了找到改善方案，公司把信心放在每一位员工身上。这种模式后来被称为持续改善法。管理者在系统中所承担的角色变得截然不同：除了职位等级和传播公司愿景，还需要拥有团队管理能力及解决问题的管理能力，使每一位员工在不浪费任何机会的情况下，反馈困难并提出合适的解决方案。丰田系统标志着"蓝领"对公司大部分管理权力的接管，它以一些领导者的魅力和领导能力为基础，是一种人人参与改善的持续改善法。

第二次工业革命时代的福特主义和第三次工业革命时代的丰田主义之间的主要共同点是，有一个非常强大的系统和与系统原则相适应的管理行为。举个非常具体的例子，丰田公司非常注重绩效管理，因此要求每个层级的管理者定期开展绩效评估，亲自巡视现场，召开每日例会以便主要管理人员能够参与问题的解决过程中。这些要素使得管理层能够帮助现场团队充分发挥自己的作用。但是，要使这一切行之有效，还要求管理人员根据实际情况修改日程，准时参加例会；在例会期间拥有积极的态度；在互动过程中起到表率作用；面对任何情况，都能采取最恰当的态度，激发每一位员工的参与热情，推动员工的发展，从而找到最佳解决方案。

两种组织模式之间的显著差异在于，福特主义以自我为中心，而丰田主义则更具开放性。这种开放程度源于与客户和供应商的紧密合作原则，以确保车辆和工厂的高度标准化，使准时制最大限度高效化。但与此同时，技术和行业的发展使得各支撑部门越来越专业，也越来越具有"孤岛"式工作的趋势，逐步远离了其服务生产的最初使命。

3. 初创型领导：新型管理系统

初创模式的革命

然而，新世界的一系列变化使诞生于 20 世纪的两个系统部分或全部受到质疑。首先，年轻一代在以自我为中心的超级结构中无法找到归属感，这种结构几乎没有留下内部创业的空间。

其次，随着数字科技的繁荣，大多数员工可以实时和外界持续沟通，因此，信息和数据不断从底层向上传递，之前由领导或超级强大的职能部门所掌握的专权逐渐被下放到现场团队中。最后，技术的指数级进步使价值链中单个参与者几乎不可能完全掌握所有技能，无论其整合程度有多深。因此，必须对管理系统和管理行为进行重新调整，以提高信息交流的速度。而要充分利用加速的信息流，唯一的方法是将一大部分以前由管理层控制的决策权交给现场一线团队。这些团队长期与企业的客户、供应商和合作伙伴接触，更适合推动日常工作的执行。因此，初创型领导的关键在于将权力和责任落实到一线团队，使其深度参与到领导者所宣扬的故事制造中来。不过，要实现这一点，必须提前对管理系统进行适当改造。

借助数字化加快绩效试点实践

第一个需要改造的是，通过数字化，加快绩效管理信息收集与传递的速度。数字技术可以提高员工向管理层或职能部门报警的速度。因此，过去员工通常需要花一天的时间报告质量问题或发出停线警报，而现在，他们可以利用安东系统及时提出问题，并借助特定的工作流，将问题直接提交给合适的人员、合适的专业或合适的决策管理层。现场管理巡视制度（源于丰田主义的结构性例会制度）的数字化也将呈现出巨大的优势，如实时利用所检测的信息，实现不同级别和不同部门之间的信息共享，使制定的行动方案或决策协调一致。此外，如有必要，数字化还可以使现场巡视更具针对性。绩效评估（包括团队日常激励工作）也可从数字化中受益，如直接在现场进行可视化指标管理，通过工作共享协作工具对工作内容进行跟踪。

最后是问题的解决，这也是持续改善的必要步骤。我们通过物联网，从机器获取更精确的信息，从而提高问题解决的速度。同样，速度的提高也要归功于更高效的数据分析和执行任务所需的良好团队组合及配置。日程管理数字工具可以通过特定的方式提醒和邀请员工参与工作。数字化还使客户信息共享更加容易，客户可以访问部分与其订单或需求变化有关的信息，从而减轻相关职能部门的纯信息交流工作。同样，这种信息共享还可以推广到与合作伙伴或分包商合作的过程中，其优势是使对方更清楚如何制订工作计划，从而提高流程的整体效率。数字化的最后一个优点是，在过程管理中，管理者可以借助电子纸卡系统[①]，非常简单和直观地检查和跟踪各项例行工作的执行情况。因此，对他人执行和管理日常工作更有信心，可以更容易协调运营过程中的每一位参与者，无论是工厂、物流中心还是整个供应链。

---

① 纸卡系统（Kamishibai）是一种目视管理板，一端为绿色的标签，另一端为红色的标签。通过该系统可以一眼看出负责人是否完成例行管理程序（绿色 OK，红色 KO）。

定义工业 4.0 建筑师，确保整体一致性

第二个改造在于确保整体一致性，管理层必须全力承担起识别有效创新方案和推动方案部署的责任。概念验证使企业可以利用地方一线团队，推出创新工具，实现某种意义上的改善。但这种概念验证方法也存在一定局限，如果没有经过良好的疏导和集中，这些验证不一定能复制到其他地方。因此，管理层需要注意避免系统的分歧，防止出现毫无一致性的细胞单元。毕竟，数字化并不等同于魔法，对浪费的资源进行数字化不会带来更多价值，依然是一种浪费。当前，可用于流程数字化的解决方案数量众多，面对如此多的选择，找到与企业现有组织和背景相适应的方案并不容易。因此，对方案提供者（包括控制、管理及员工协作等方面的解决方案提供者）的可靠性和持久性跟踪越来越耗费人力和物力。为应对这一切变化和需求，企业亟须设立新岗位：工业 4.0 建筑师。但是找到合适的人才并不容易，因为该岗位的要求是人才既具专业数字化知识，又懂转型的实践与管理。

推动业务支撑部门的角色转变

第三个改造涉及业务支撑部门及其职责：增加团队的责任意识和自主权，必然引起部分业务支撑部门的职责发生重大转变。例如，如果允许现场团队自行管理自己的招聘流程，那么如何确保企业人力资源政策的一致性？负责人员招聘和职业发

展的员工将如何转变？因此，人力资源部门不能仅仅是处方者，更要成为推动者，并保证整体组织的统一性。又如，机器操作员通过数字接口，与企业整体系统的连接日趋紧密。之前，他们必须通过设计、方法、质量或物流等部门获取信息，而现在，他们可以自行直接获取这些部门的数据，有权利直接发出转包订单或从最终客户处收集信息。传统数据流由起到中介作用的业务支撑部门管理，如销售管理部门、供应链部门、规划部、仓库管理部门等。

业务支撑部门的角色发生变化，业务支撑部门不再是信息交流或运营标准执行的传话筒，而是直接参与技能的改进、技术的监控以及系统的持续改进，以帮助核心部门从根本上解决问题。因为如果数字化提高了问题识别的速度，那么更重要的是如何加快同一批问题的解决。这项工作的完成需要使用合适的工具，但更需要能力和思维方式的发展，尤其涉及工业维护、工业信息技术、质量、方法、设计等支撑部门的发展。后者在问题解决过程中所承担的"专家"和"支撑"角色成为整个工业系统的关键之一。如果不能同时推动工具和思维方式的转变，这些支撑部门将面临停滞和士气消沉的巨大风险。

对外开放以确保获得稀缺技能

此外，公司要以一种前所未有的开放态度对待特定的合作伙伴。例如，领导要真正做到扎根现场，起到带头示范或支撑作用，首要前提之一是必须掌握新技术的动向，例如，协作机器人或 3D 打印等。因此，领导者必须持续接受"新技术"培训，或参加已有的培训课程，或更常见的是，利用技术实验室完成培训。这类实验室能够实时利用已测试或正在实施中的技术，可以提供用于团队培训的一系列硬件、课程以及内部或共享资源。因此，尽可能联合当地的技能中心，积极开展与当地企业、行业或机构的合作对于公司来说是必不可少的。又例如，对于特定的技术，公司很难在内部或邻近的生态系统中找到相对应的人才，例如，数据科学家遍布数字行业，在工业领域却是稀缺资源。因此，找到能提供部分支持的合作伙伴十分重要，并且需要用长远的眼光看待合作关系，使稀缺技能资源的共享变得更加简单。（见图 8.1）

4. 初创型领导：新型管理行为

要建立相匹配的管理系统，最重要的先决条件是领导者自身行为的演变。事实上，从持续改善时代过渡到底层管理时代，领导者必须调整日常工作安排和工作态度。因此，未来领导者既是领导也是教练，与上一代领导者相比，他们需要承担额外的四个重担（见图 8.2）。

领导者－栽培者：初创型领导通过培训来培养人工智能所需的人类能力和未来技术人才。他把自主权留给团队，使其释

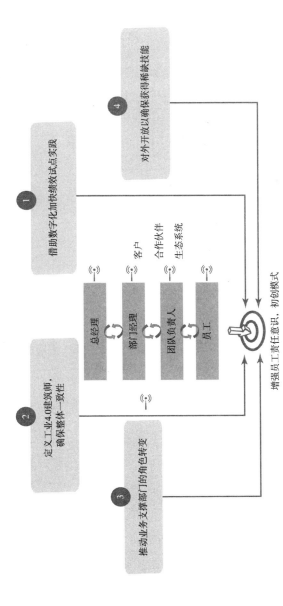

图8.1 初创型领导系统

资料来源：OPEO。

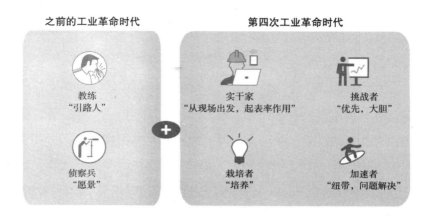

图8.2 创新型领导新行为

资料来源：OPEO。

放全部潜力并茁壮成长。要成为这样的领导者，首先必须具备现场意识，既鼓励应用"测试与学习"法，又给予员工犯错的权利。其次，在与员工的日常互动中，要保持好奇心，抱有支持态度。领导者要像教练一样，对于实地考察时观察到的每一位员工，需要定期给出具有建设性的反馈意见。因此，他需要规划出专门的时间用于主动观察每位员工（或单独观察，或在集体互动中观察）。通常情况下，领导者在现场出现的时间甚至可以达到其工作时间的30%。此外，为了给出恰当的反馈和意见，领导者自己必须接受新技术的培训。

领导者－挑战者：初创型领导能够打破各职能部门之间的

沟通障碍，在绩效管理过程中，既能统领"全局"，眼观全部，又能从"细节"出发付诸行动。同时，领导者要确保价值链中各个专业和部门定期对工作表现进行评估，其本人需积极参与评估，挑战各个部门，以促进双赢。领导者尤其要保证数据在整个系统内顺畅流通，无论是内部数据还是与客户或合作伙伴有关的数据，从而使各个部门能够尽可能从中受益。领导者要扮演好调度员的角色，促进新创事业的发展，推动各部门之间的透明化，从而共同构建最佳解决方案。

领导者–加速者：在问题解决方面，初创型领导搭建体系，参与问题解决。他直接加入问题根本原因的分析过程和行动计划的决策过程，以推动系统的优化。领导者需确保各项决策基于事实，有强大的数据支撑，从严要求问题解决的方法和行动执行的速度。在日常工作中，他还需确保不会因为执行监督系统中的阻碍而导致任何决策的延迟，使系统具备最优的快速响应能力。通俗意义上讲，领导者需要非凡的毅力和持久的能量，以对抗一切惰性的来源。

领导者–实干家：初创型领导还需前所未有地协调整体与局部之间的关系。诚然，数字化是积极发展下层力量的重要载体，使每个人都能充分发展。但与此同时，背离整体战略，出现分歧的风险也会增加。除了故事制造外，领导者必须在他的日常工作行为中证明他的愿景与现场工作是相互协调的，他有能力确保整体的融合。从具体来看，要做到这些，领导者需定期观察集体行为，以确保企业的价值观能够很好地融入员工的日常工作中。此外，还需为员工设立一个持续且系统的转型计划，计划主要围绕四个不可或缺的方面：战略、技术、企业社会责任和人力。在实际工作中，领导者要怀着开放和教育的姿态，需起到表率作用，支持地方团队的积极性，以弹性的方式和长远的眼光对待项目，但在公司价值观的捍卫上又绝不妥协。

5. 特斯拉的启示

埃隆·马斯克的工作目标之一是将新旧世界完美融合。他是一位非常有远见的领导者和教练员，无论遇到何种危机，总能坚持到底。对于员工和投资者来说，埃隆·马斯克能够做到安定人心，即便他的项目经常接近失败的边缘。事实上，他宣布的时间节点也总得不到遵守，因为与计划的精确度相比，他更关心能源和转型。他能够做到永远满怀雄心壮志，一路向前。

同时，埃隆·马斯克还是一位优秀的挑战者。他的字典里没有"不"字，对于产品功能和客户体验，他表现出非同一般的坚持和毅力，直到将细节做到最好。正是因为这种超出常规的严格要求，特斯拉的产品才具有如此与众不同的特性。

作为一位有远见的领导，埃隆·马斯克通过激励团队以平衡严苛的要求。大多数特斯拉的员工表示，与埃隆·马斯克共事并不容易，因为他总是挑战一切（基于他著名的第一性原理）。但是，他们也表示能为他工作，能服务于公司的使命，并能参与制造如此出色的产品而感到非常自豪。

作为加速者，埃隆·马斯克始终注重团队中各部门员工之间的紧密联系。例如，信息技术办公室分散在各个车间，蓝领工人与白领工人共事，焊工与毕业于美国名牌大学的硅谷极客合作。因此，特斯拉在不到一年的时间内成功完成 Model 3 的碰撞测试认证，而其他汽车制造商则可能需要四年。埃隆·马斯克的个人风格使这样的提速能力进一步加强，他总是参照第一性原理，挑战现状、规则、周期等通常已经被汽车行业普遍接受的标准。

作为实干家和栽培者，埃隆·马斯克积极推进横向管理行为。他常常穿梭在各个车间内，从工厂到设计部门。他喜欢和员工直接交流，在日常工作中激励员工迎接挑战。此外，他还要求他的管理团队也执行横向管理。特斯拉总工程师冯·霍兹豪森（Von Holzhausen）便提到，埃隆·马斯克要他自己布置办公室，并"像其他所有人一样"逛一逛宜家。特斯拉许多员工经常能在生产车间内碰到埃隆·马斯克，他在那里设立了办公室。马斯克自己说过他曾经在现场待了整整三个月，和团队一起发现和解决问题。

企业案例：法国蒂森克虏伯普利斯坦
（ThyssenKrupp Presta France）
"在旧工业中挖掘出初创型领导这块金子"

法国蒂森克虏伯普利斯坦（ThyssenKrupp Presta France）位于一片高炉和焦炉烟囱林立的地带，是一家超现代化工厂。该公司是转向系统和轴模块领域的全球领军企业之一，凭借与欧洲及全世界最负盛名的品牌合作而享有很高声誉。其母公司蒂森克虏伯转向系统提供的产品占据了全球汽车市场的 1/4。法国蒂森克虏伯普利斯坦作为独立子公司，书写了一段鲜为人知的成功故事。公司所在地的邻省是著名的传统冶金工业区，因社会运动而频频登上媒体头条。而蒂森克虏伯普利斯坦践行实用主义逻辑，树立长远目标，已成为工业持续发展的典范。从最初的冷轧业务到转向系统和轴模块组件，公司经历众多变化，现在，分布在三个工厂的超级现代化和自动化的生产线每天高节奏运行。目前，公司拥有 1200 多名员工，营业额超过 6 亿欧元。因为效率和稳健运行，法国蒂森克虏伯普利斯坦常常作为示范点在公司内部推广。

领导模式的转型计划

尼古拉·雅克（Nicolas Jacques），2004 年加入公司，任北方工厂经理，他和生产线班长马修·费阿克（Mathieu Fiacre）及生产操作员桑德琳·特格浓（Sandrine Trognon）一同讲述了公司的转型。尼古拉一开始便提到，对于他来说，领导者取得的最高成就是团队向自己发起挑战。例如，他提出自己的解决方案，并理所当然认为那是最佳方案时，团队提出了另一个完全不同的方案。桑德琳和马修也持类似的观点，他们都不约而同地回忆团队的成就。马修说："我还记得我们在 1086 生产线上打破的记录。在这里，我们都朝着同一个方向前进。"

尼古拉回想到项目的起源："公司的活力是由持续自我怀疑而驱动的。我们计划向未来工业转变，并已经行动起来。但是三年前，我们发现生产部门的主要领导者有着过于'陈旧'的工作模式，他们与其他部门之间的关系并不融洽，而且持续改进力度远远不够。我们相信，这个问题将严重影响公司系统的长远发展。最初，我们认为问题仅仅出现在管理行为上。后来我们进行了一次诊断，并发现管理行为可以得到调整和改进，但是管理系统并没有达到一个令人满意的层次，无法让每位员工在工作上取得成功。于是我们启动了CIBLE（目标）计划，旨在协调领导者的行动，加强他们管理的角色，推动其层次的提升。"对于公司来说，这是个不小的挑战。而且公司计划2020年成为全球转向系统制造的示范企业，并设立了雄心勃勃的目标：非质量成本降低50%，生产率优化5%。马修和桑德琳解释了具体目标是如何体现在日常工作中。马修说："CIBLE计划是为了快速处理日常问题，做到精益求精，最大化利用机器的性能，发掘所有隐藏的能力。"桑德琳则提到团队之间的合作目标："对我而言，CIBLE是为了更好地解释我们团队或其他团队所经历过的事情，从而了解其重复频率，也有助于团队更加团结一致。这个计划让每个人都能朝同一个方向前进。"

初创型领导：管理行为和管理系统的明显提升

尼古拉认为，项目主要的影响是，团队更加严谨，其实际行动有了明显的变化。"最初，我们努力将价值观转变为每日可以看得到的实际行动。比如，'行动一致'价值观的直接体现就是尊重团队，按时参加例会，在现场巡视期间积极倾听所有发言者的意见。如今，我来生产线时，最大的满意之处是看到大家严肃认真地对待例会，具体问题能够得到有效解决。"除此之外，尼古拉还发现管理层更加积极地对待工作，"面对上级领导，管理人员对自己的部门负责，并自主与公司各部门或公司外部机构协商确定行动计划"。管理系统的横向转变使这样的管理行为成为可能。尼古拉说："我们自下而上进行了试点，并审查了组织体系，尤其是涉及与维护等支撑部门的关系。操作员有了团队归属感，一同参与问题的解决，我们为他们创造了表达的机会，管理行为的变化激发了他们积极工作的渴望。"关于这一点，桑德琳强调她比以前工作更积极："对于每天遇到的各种各样的小问题，例如，机器为什么出现故障？维修团队去哪里了？他们接下来开展的工作是什么？我们都能得到解决方案，这样可以减少不少烦恼。"她还提到管理人员参与度的变化："如果上级领导参与其中，事情就会得到更快解决。"马修对扩大部门之间的协作和共享程度表示同意，"现在，如果我们有问题，相关信息是透明和共享的，而以前信息流动的速度慢很多。"对他来说，生产部门的基础指标直接反映了改变的结果，"我们在质量、周期，尤其是安全上得到了改善。"

未来领导不一定是伟大的军队将领，却是管理多面手

尼古拉认为，对于领导者，在第四次工业革命的背景下，了解团队的管理方向非常重要。他说："领导者即实干家，他是军队意义上的领导者，冲在前面带领和保护部队，但他更要为团队创建一个愿景，使日常行动具有意义。"对他来说，成为领导最重要的品质是具备同理心。"很多情况下，换位思考有助于我们提前了解未来规划。"马修对此表示赞同："对于别人交代的事情，我们比以前更清楚其中的缘由。例如，领导者之前总

是找不到愿意加班的人，因为他们没有解释清楚公司为什么需要加班，而现在则容易很多。"总体来看，马修和桑德琳已经体会到公司高层领导在为人表率和传达明确的中期愿景上所做的努力。他们说："公司大老板每年都会跟我们解释公司未来的计划，我们未来要服务的客户，规划建造的生产线……"

但是，要使愿景转化为具体结果，领导者必须为系统注入能量。尼古拉颇具讽刺地提到，如果自己管理自己，每个人都有拖延的倾向，"我们人类总是想要摆脱约束。如果一个团队缺乏一位可以加快速度、注入能量的领导，即使团队做出合格的业绩，但绝达不到优秀。因为可以不受任何约束、拥有完全自主工作能力的员工太少了。"对于马修，领导者－加速者首先是要提高问题的解决速度，"他能够快速确定问题的优先解决顺序，解决最重要的问题，使我们在遇到阻碍时找到解决方案。"桑德琳则联系历史的演变，她认为，20 年来每个人都在经历持续不断的变化，而领导模式转型所引发的加速概念只不过是这一改变的自然反映，"以前，我们只是生产线上普通的零件装配工，而现在，一切都在加速，工作变化很大，并且更有意义。我在工作中得到充分发展，未来还有许多东西等着我去学习。"不过最重要的还是心态，"我总是说我同意向前，而且为了成功，我必须改变。这样的心态同样适用于领导者。"

在人力发展方面，几位受访者表达了不同的看法。马修认为公司在培养未来技能方面做了许多工作，远远超过大多数公司。他说："我们有 ADAPT（适应）培训，培训内容做得非常好，它将我们置于场景中，使我们学会如何应对未来的变化。对于公司，这是一笔重大投资。"领导者即栽培者，他能够帮助员工自省和接受变化。桑德琳同意这一点，但对她来说，未来几年最重要的变化是新一代的到来，年轻人理解工作的方式与上一代并不相同。而尼古拉觉得培养员工是领导者的本职工作，"我每天要花 20% 的时间培养我的团队，给他们经验反馈，但是这些可能还不够。"关于未来工厂领导者的职责，他有一套自己的定义，"我认为，我最终的目的是，公司即使没有我也能正常运行，我的职责在于启发他人。"但与此同时，尼古拉感到遗憾的是，现场管理团队还没有达到理想的管理水平，无论是投入的时间还是管理方法，"好的管理需要更多的倾听，我们在这方面投入的时间和精力还远远不够"。总的来说，尼古拉认为伟大将领的时代已经过去了，因为在更自动化的未来工厂，人们更需要的是懂得倾听，知道如何适应，具备一定高度，能够帮助团队做出正确决定的专家和领导。

因此，未来的领导者首先是挑战者。尼古拉认为"领导是为了打通经脉而来的"。因此，他们必须打破一定的工作"孤岛"，同时还要调整自己的心态。他说："目前，有些领导者仅仅推动自己团队的工作，但我觉得未来的领导者能够推动整体的发展，拥有全局观，从公司整体出发做最好的决策。"马修补充道："我有一位优秀的领导，他能够和所有业务支撑部门合作，无论是外界还是他的上级领导，从而推动工作的进展。"对于桑德琳来说，直接主管应该扮演好推动者的角色，负责帮团队解决问题，并找到最佳折中方案，从而推动公司向前发展。尼古拉以他对项目的最大满意事项中的一点结束讨论："我们要处理应该得到处理的问题，并在合适的层面讨论问题。"要做到这一点，管理层必须把一部分责任授权给团队，"专制领导的时代已结束，权力概念也已经过时，我们需要的是有责任感但不滥用权力的管理人员。"

工业的未来？三位对此都很乐观。桑德琳见证了许多改变，她说："我们会继续适应的。"马修认为，20年后工厂内到处是屏幕，但必定有人类的位置，"我们是会思考的机器人"。尼古拉提到，未来工厂的组织将更加扁平化，技术更尖端，人力密集程度更低，而他自己的职位或许将丧失存在的意义："未来，有的管理者将找不到存在的意义，其数量将急剧减少。是的，我知道，这关系到我的工作！不过我还有其他事情可做，我并不担心。"

初创型领导：领导者的自我十问

（1）我是否投入足够的时间参加"新技术"培训？我今年是否参加了与该主题有关的培训？

（2）在我的行动边界内，是否能快速发现问题和改进方法？我们是否充分利用数字化提高处理信息的速度？

（3）我们是否充分利用数字化实现可视化，实时管理车间并召开管理例会？

（4）在组织方面，我是否充分推动日常工作中的互帮互助和透明化？

（5）员工是否熟悉多学科模式的问题解决方式？

（6）我是否充分推动数据的大量使用？

（7）我的团队是否能够足够快速地从根本上解决问题？

（8）我是否将超过20%的时间用于现场观察并给出建设性反馈意见？我去现场时，是否常常把自己当成教练，而忘记老板的身份？

（9）公司的价值观是否可以轻易转化为具体行动？我是否花时间观察团队的行为，并就价值观的遵守提出反馈意见？

（10）我是否偶尔通过亲自完成一些项目而起到表率作用？或用几个精心挑选的案例深刻激励团队？

第九章
特斯拉主义的七大原则 7：人机学习

持续学习，在日常工作中实现人类智慧和机器智慧的结合

我们以为技术在自己进步，其实我们错了，只有许多人努力使其变得更好时，技术才会进步。

——埃隆·马斯克

看 点

- 工业系统的智能化始终是一场集体冒险，这场冒险由人的三大能力驱动：自我发展能力、快速利用机会的能力以及充分利用机器加快自动化进程的能力。

- 学习必须是终身的，因为在一个寻求整体连贯性，并为此而改变培训方法的工业组织中，终身学习的调节作用越来越重要。

- "测试与学习"法有助于产生一种思维模式，即在短循环内快速和集体学习并从中受益。

- 特斯拉的优势之一是，能够从错误中吸取教训并快速调整方向，以避免进入死胡同或遇到任何其他意外障碍。

1. 什么是人机学习?

我们在前一章已经表明,初创型领导是实现系统突破、激发积极主动性的必要条件。但工业系统的智能化始终是一场集体冒险,这场冒险以人的三大能力为基础:自我发展能力、快速利用机会的能力以及充分利用机器加快自动化进程的能力。这也是人机学习概念的主要内容(见图 9.1)。在一个人工智能备受推崇的环境中,机器随处可见并深深改变了人们的工作方式、员工的角色以及成功所需的必备技能。如同在软件世界,产品可以在整个生命周期内不断改进,而人类也必须学会不断学习。因为在工业组织中,要确保整体的一致性,人类的调节作用越来越重要。公司需采用新的人力资源发展方法,而新方法的必然结果是员工拥有犯错的权利,因为快速行动是第一原则,而行动本身便是学习的源泉。如此重大变化需要一个与旧模式完全不同的思维方式。根据戴尔和未来研究所于 2017 年完成的一项研究,到 2030 年,85% 的工作岗位将消失!另一个惊人的统计数据显示,74% 的工业企业认为自己在数据分析方面表现欠佳或装备不足,而所有人都认同数据分析能力的重要性。[①] 因此,挑战是巨大的!

---

① PwC, *Global Industry 4.0 Survey*, 2016.

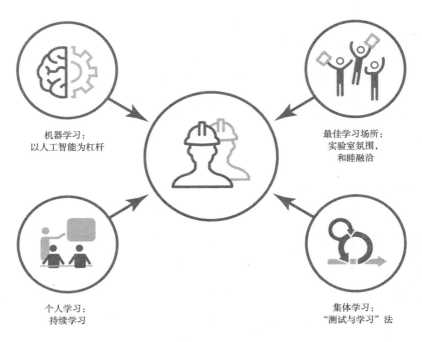

机器学习：
以人工智能为杠杆

最佳学习场所：
实验室氛围，
和睦融洽

个人学习：
持续学习

集体学习：
"测试与学习"法

图9.1　人机学习——反应堆核心

资料来源：OPEO。

2. 伴随每次工业革命，人与工作之间的关系也在演变

伴随每一次工业革命的更替，人类也迎来工作方式的巨大变化。18世纪末期，机械化引入，机器逐渐登上工厂的舞台，开始代替人类完成简单而费力的工作。但是，随之而来的是工人的异化，人类逐渐被机器强加的工作节奏所奴役。第二次工

业革命催生出泰勒主义，尤其是工作任务的专业化，使生产力有了极大的提高。但是，这一变化的结果之一是工作变得较有周期性和重复性。工作组织很大程度上由工程师定义，他们确定工艺和操作模式，而现场员工是雇来执行操作规定的。因此这是一个属于"管理层"的伟大时代，改善优化的驱动力仅来自上层，管理人员的职责是确保人数众多的员工能够完成每天既定的生产目标。

到了第三次工业革命时期，金字塔开始倒转过来，公司系统很大程度上更依赖于现场技术人员的能力，通过他们实现快速响应并持续改进流程。每位员工的目标不仅仅是生产，还有改进流程。同时，机器人化和工业信息化不但开启了生产过程中繁重和重复工作的自动化，还推动了部分业务支撑部门的自动化。最后，为适应需求的波动变化，工业技能呈现多元发展趋势。

3. 终身学习

在第四次工业革命时代，技术的指数级增长是引起人和工作关系变化的重要触发因素，并对工业界的专业和能力持续发展产生诸多实际影响，毕竟，只有持续学习才能跟上技术指数级增长的节奏。这一现象对人力管理系统以及人类技能产生深远影响：原始培训体系失效，市场需求变化太大以至于专业课程内容无法与其匹配。因此，大多数未来工业的领军企业都配备了自己的"技术实验室"，使员工既能熟悉新技术，又能接受培训。教育培训方面，传统课堂教学已不足以涵盖需掌握的全部专业知识。因此，数字化成为培训过程的加速器，通过在线学习或慕课等远程工具，人们可以访问最资深的专家提供的内容，而且还可以借助视频和虚拟现实技术，更快完成基本操作动作和操作模式的培训。

但是，这种新的学习形式必须伴随新形式的员工评估。因此，以绩效目标为导向的传统个人评估体系需由基于能力的评估系统补充或代替。除此之外，一些新的专业随着新技能的出现而诞生，这类专业通常源于传统专业与数字专业或工业机器人专业的相互结合。举个非常具体的例子，在产品运输高度自动化的工厂，内部物流越来越多地由智能机器人管理，这些机器人直接连接生产计划系统，在某种程度上与生产流程"并线"进行。从物流仓库中的自动堆垛机，到负责将零件从仓库转移到车间的AGV车，再到生产线边的零件自动输送带，以及位于机器下方可以自动完成装载任务、有效节省时间的自动叉车……生产和物流相互融合，过去的仓库工人或叉车司机如今转型为设备管理员。工厂需要的不再是手工操作上的灵活性，而是能够理解工业计划、管理流程、排除自动化故障、拥有与技术方案供应商交流对话的能力，等等。物流成为生产、计划、维护和工业信息化的混合体。

4. 最佳学习场所

但是，振奋人心的专业变化也伴随着困难，例如，吸引人才，尤其是越来越专业和稀缺的高端技术人才。有些企业位于动态区，区域内竞争残酷，甚至还要面临非工业领域的竞争对手；而有的企业则位于静态区，区域内本身不存在某些技术的专门人才。要在这样的背景下取得成功，企业最重要的是充分利用周边资源，因此，可以利用地方机构，因为他们在有些方面起到决定性作用，如帮助企业寻找合适的合作伙伴，支持企业开展技术培训等；也可以依靠生态系统，通过共享稀缺资源，与合作伙伴、客户或同行一起开发未来的创新解决方案。从员工的角度来看，要在这个令人惧怕的世界充分释放积极主动性，建立安全感是至关重要的，因为未来的工作内容会变得越来越细化：随着市场和技能的不断变化，未来的趋势是按需工作和"量身定制"，因此有必要构建一个超级灵活的系统，而工业团队的时间把握能力和专业技能是这个系统的调整变量。因此"广泛"的社会对话成为必要，也是成功的关键因素。

这种构建社会关系的新方式超越了公司原有的框架，即力求实现整个生态系统或相关工业领域内的协调和双赢的运作模式。众多倡议不断涌现，以应对市场波动的风险：跨公司学习路径、具有反周期市场季节性的两家公司共享工作时间、共享

人才中心和技术实验室，整个行业共享企业社会责任……对工
作方式的讨论不仅局限在企业界，整个系统组织根据地区、行
业和专业等因素以一种灵活而分散的方式形成。除了"广泛"
的社会对话，未来工业的旗舰企业还有一个共同点，即真正思
考人类在系统中的位置，并开始重新组织工作空间，这可能为
员工日常工作带来最切实的改变：精心准备的休闲区、工作外
充裕的休闲时间（业余活动、体育活动等）、优质的餐饮服务，
等等。因此，共享工作空间实际上类似于安静明亮却又人来人
往的生活场所。

5. 机器学习：与机器共处

"联网"设备充斥着我们的日常和工厂生活。就像生活中无
处不在的智能手机一样，现场操作员也配备了许多系统或机器，
它们多多少少具有灵活性或移动性，能够在日常工作中协助操
作员更好地进行培训、预测、计划和执行，并减轻疲劳，优化
制造、维护和物流工作。例如，虚拟现实技术使员工可以在
"远离生产线且无风险"的环境下快速完成培训；增强现实技术
可以在先进程序中预测机器的运动轨迹；先进的规划系统可以
基于所有生产限制因素，制订与现实无限贴近的计划，从而灵
活地满足客户的需求；智能机器人及外骨骼机器人可以自动完
成制造或物流过程中艰苦而重复的工作任务；3D 打印缩减了制

造步骤，使流程得以加快且无须增加其他额外成本。

最后，先进的数据分析方法将数千个参数值与既定结果连接起来，并持续寻找系统运行的最佳点，使整个系统具有"自主学习"功能。在未来几年，学会使用这些工具和不同的工作方法将是最主要的挑战。因为谁可以更好地利用数据并使系统具有自主学习功能，谁就能与众不同。在追求卓越的道路上，机器和人类不存在竞争关系。机器总是比人类更善于计算或执行重复性任务，但人类拥有情感、创造力、解决多元复杂问题的能力，以及更先进的感官。因此，人类的卓越和机器的优秀互为补充，共同构筑最佳系统。

6."测试与学习"法：集体学习和集体受益的心态

团队的工作模式和反应模式将受到新挑战的影响，尤其是受到服务经济的影响。最终客户不再满足于合法拥有产品的权利，更期待为自己的生活提供便利的持续创新。因此，新时代比强调"一次成功率"的时代更注重市场投放速度。数字化原生企业的理念是，客户是参与开发过程的最佳人选，以确保产品完美契合客户期望。设计思维等现代方法完全基于从客户角度出发的同理心原则，不需要完全代替客户，但是企业要尽可能直接与客户接触，探寻他们的意见。在纯粹的数字世界，企业可以快速推出测试版本，然后在其运行过程中对其进行优化，但这套模式难以简单地沿用到实体产品的开发过程中。

为了满足快速投放市场与迎合客户期待的双重需求,"测试与学习"法通过两个不同的路径逐渐闯入工业世界。第一条路径是产品创新,团队尝试多样的、灵活的工作方法,以最快的速度推出原型产品或零代产品,并邀请最终客户一同参与产品的改进。第二条路径在于工厂,已习惯利用持续改善法等方法进行持续改进的工厂团队可以在此基础上通过"测试与学习"法发现新的改善方法。"测试与学习"法依然以持续改善为基础,但涉及人员更广,因为在这个新世界,如果没有信息技术人员的参与和采取适当的方法,是无法完成任何测试的。"测试与学习"法的最大优势在于给予现场团队启动新计划的自主权。因此,只要认为有用且有意愿实施,单个团队便可开展创新方案的测试。不过,相关风险是系统出现分歧,每个团队都在自己的"一隅之地"发起小创新。因此,正如我们在"特斯拉主义的七大原则6:初创型领导"一章中所提到的那样,公司需设立转型建筑师岗位,对每个部门的创新进行协调和引导。

7. 特斯拉的启示

众所周知,汽车市场已经成熟饱和,且财务回报率低,因此,要找到愿意进入这一市场的投资人并不容易。在需要定期向研发新车型投资的环境下，为了克服上述困难，埃隆·马斯克凭借公司的吸引力发现人才，并招募积极性尤其高的团队。员工为鼓舞人心的项目努力工作，并持续学习以领先竞争对手。埃隆·马斯克认为，这样可以使创新内部化，而在其他汽车制造企业，创新通常来自大型供应商。为了吸引人才，埃隆·马斯克积极利用各种方法，或"故事制造"，或鼓励每个人为更大、更有意义的事业做贡献，或注重工作之余的生活。例如，在特斯拉超级电池工厂的招聘网站上，我们可以看到75%的篇幅用于介绍项目愿景、工厂位置以及为前来工作的年轻人或其家庭提供的活动。此外，特斯拉工厂的生活空间更像是"实验室"，而不是工厂：白色墙壁和地板、绿色植物、精心布置的餐厅、各部门各级别员工均可使用的共享空间、与生产车间连通的开放空间、随处可见的大型数字屏、美食推车及舒适的小露台，等等。这一切都是为了使人觉得这里是"最佳学习场所"。

特斯拉是一家生产汽车的软件公司，人机关系已经深深嵌入它的 DNA。公司在新生产线上投入大量资源，用机器人代替人类，或利用机器简化生产过程中的人工操作。此外，在研发方面，特斯拉充分发挥数字仿真工具的所有潜力，以缩短开发周期，尤其是碰撞测试模拟或快速原型制作。数字化服务于人类，是对人类技能的补充。

最后，在学习方面，埃隆·马斯克鼓励团队持续采用"测试与学习"法，打破束缚，朝着目标勇往直前，加快创新循环。阿什利·万斯曾举过这样的例子，SpaceX 的一位年轻工程师就舱门开发咨询了三家供应商后，提出了一个需要 9 个月和 12 万美元的方案，马斯克的回复是："这就是一个简单的金属门，最多给你 5000 美元和 3 个月。"最后，据阿什利·万斯所说，这位年轻的工程师找到一个只需要 900 美元和 2 个月的解决方案。最近，埃隆·马斯克再次展示了与其他指导思想及原则相比，高速学习是多么重要：特斯拉最初的策略是彻底实现 Model 3 装配线的自动化，以快速排产，从而大幅度减少汽车行业常规的节拍时间（两辆车下线的时间间隔）。但是，几个月后，当发现生产线不够稳定，员工无法达到 2018 年 5 月份每周生产 2500 台车的既定目标时，埃隆·马斯克没有顽固执行最初的彻底自动化策略，而是决定恢复部分手工操作。在这次转变过程中，值得注意的是马斯克的行动速度（共计 3 周，大多数汽车制造商可能需要几个月）以及他在做决定之前个人的参与程度。据他的团队成员介绍，马斯克亲自到现场分析问题，在生产车间日日夜夜连续工作了 3 个月，这一举动激励了团队，使每个人都能参与到决策过程中。接下来的一个月，埃隆·马斯克甚至在"帐篷"下建立了第三条生产线，并删除了 300 个车身焊点（最初有 5000 个焊点），尽管那时批量生产已经启动了好几个月。

最终，他在月底达到了每周生产 5000 台车的目标。[①] 其他任何汽车制造公司都无法尝试这种模式，因为汽车行业的传统范式认为稳定是至关重要的。而在埃隆·马斯克看来，最重要的是无惧任何教条、敢于冒险、快速反应、高速学习。在这期间，他受到了评论家的广泛批评，这是可以理解的。[②] 不过，大多数人错过了从中获得真正启发的机会：关键不在于从侧重人力劳动的精益生产和侧重自动化的超级生产中二选其一，而是要懂得这个新世界的真正价值在于学习：允许自己进行突破和颠覆性思考，同时务实求本，并从中尽快受益。

企业案例：博世集团（Bosch）
"以人和学习为中心的 4.0 项目"

　　位于法国罗德兹的博世工厂是这家著名汽车设备供应商移动出行部门的一部分。该工厂专注于柴油发动机喷油器生产，拥有约 1600 名员工。目前，工厂处于转型阶段，并以构筑未来项目为目标。格雷戈里·布鲁耶（Grégory Brouillet），工厂数字方案开发负责人，解释了集团发起的"工业 4.0"计划是如何支持未来转型的。凭借技术背景，格雷戈里在非常年轻的时

---

① "Inside Tesla's Audacious Push to Reinvent the Way Cars are Made", *NY Times*, 30 juin 2018.
② Voir l'article de Jeffrey Liker, "Tesla vs. TPS : Seeking the Soul in the New Machine", *The Lean Post*, 2 mars 2018.

候便进入公司，并在整个职业生涯期间持续接受培训。他喜欢迎接新挑战，因此于 2014 年自然而然地接受了所在部门"维护4.0"推进员一职。格雷戈里所在的集团拥有相对成熟的技术能力，他和我们分享了他对成功之路的关键因素——"人和学习"的看法。

任何局限于投资回报率的愿景都将失败

令人惊讶的是，格雷戈里谈到工厂的"维护 4.0"项目目标时，是这样开始的："我们以人为本，因为我们希望可以让员工的生活更简单。"当然，管理层设定的目标是提高效率，尤其是机器的设备综合效率（Overall Equipment Efficiency），但是如果不把人放在最重要的位置，那么这个目标是不可能实现的。格雷戈里认为，自上而下的文化冲击是启动项目的关键。他说："我们的首席执行官不仅坚信这种理念，更积极推动变革，而且这种变革不再局限于快速实现投资回报的金融概念。"除了绩效和工作条件之外，工厂需面临的主要挑战还有维护工厂在集团内的声誉。格雷戈里说道，当其他分厂（甚至更大的分厂）的同事对罗德兹工厂开发或测试的方案感兴趣，并找他咨询时，他体会到一种前所未有的成就感。

首席执行官的简单口号："培训！培训！培训！"

沟通和培训是使现场形势朝有利方向发展的关键之一。这个过程需要时间。格雷戈里提到了"工业 4.0"的传统忧虑之一，即人类将被机器人取代。他说："我一直相信这是一种双赢，我们现场有 71 台机器人，它们的功能是协助人类工作，而不是取代人类。不过，我们必须使用有说服力的语言向一线团队解释这一点。"除了沟通，还需要培训，因此博世集团首席执行官的口号便是"培训！培训！培训！"因此，工厂4.0项目负责人花费大量时间对全体1600名员工进行了培训。整个工厂的培训氛围十分浓厚，目前，一条4.0小型装配线正在开发中，将用于开展未来操作模式的具体培训。

"测试与学习"法是一种颠覆性思维

培训是理解新技术的必经之路，但也是应用新技术的有效方法，不过新世界的方法与过去截然不同，因此整个培训过程具备一定的挑战性。博世罗德兹工厂的观念是利用来自数字世界的方法——"测试与学习"法。通过这种方法，公司可以在找到完美的解决方案之前加快产品迭代的速度，建立非常短的循环周期。不过，方法的实施必须伴随一种特别的思维方式，而且要接受方案失败或有缺陷的可能性。格雷戈里又提到："'测试与学习'法对技术人员来说是一种挑战，因为他们已经习惯了开展稳健的项目，这些项目耗资昂贵，持续时间长。"

用设计思维整合用户

要克服这一困难，关键之一是尽早让用户参与到解决方案的开发过程中。格雷戈里解释道，工人有时候会"离开"生产线好几周，以便完全参与到项目团队中。他说："在项目中，他们是最终用户代表，并以此身份提出意见。因此，开发内容更恰当，迭代速度更快，浪费的时间更少。"设计思维方法的核心——与最终用户形成同理心，在工厂内占据了一席之地。不过格雷戈里也承认"这还不够"，还有许多工作亟待开展，才能使用户的需求和想法真正尽早融入解决方案中。因此，让工人接受新工具至关重要。

已有职业的快速变化更甚于新职业的诞生

格雷戈里认为工厂内并没有出现职业改革，相反，每个职业都有了明显的发展，而且这个趋势值得支持。关键是尽可能使不同生产线和不同职业之间的解决方案协调一致，并使员工能够顺利从一个环境过渡到另一个环境，从而获得更大的灵活性。因此，需要对创新进行引导，同时限制开发概念的数量。他指出："曾经，操作员通过按按钮操作机器，现在，他们可以使用触摸屏、平板设备或智能手机，而未来，他们可能用上 AR 眼镜。不过，这些都不是一日之内可以实现的，我们需要提前努力，对测试方案进行定义。"

项目 4.0：一种征服市场和对外开放的方式

除了带来声誉、提高效率、改善工作条件，项目 4.0 还是工厂加强其与生态系统联系的机会，尤其是与当地竞争力集群——机械谷（Mécanique Valley）以及汽车和航空产业的联系。因为工厂地处偏僻，"我们方圆 200 公里以内什么也没有"，格雷戈里这样说道。向当地其他公司开放内部培训课程的想法开始付诸实施。总的来说，罗德兹工厂非常务实，并对来自该项目的任何服务提议都有兴趣，无论涉及培训还是售卖团队开发的解决方案。工业和服务领域的结合是寻找新增长动力的重要机会，而罗德兹工厂显然成为这一方法的开拓者。格雷戈里提到一家成功的初创企业——Mobility Work，这家社交网络以维护人员为目标客户，最初由一位在工业公司的实习生创立。他说："这位年轻人能够成功开发这样的平台，意味着我们可以通过审视自身的工作，去做一些美妙的事情。最后，整个工业领域都将从中受益。"

人机学习：领导者的自我十问

（1）现场团队是否熟悉与机器或机器人协作的工作？我是否亲自测试过协作机器人的操作？

（2）我是否在协作数字解决方案上投入了足够的精力和资金，以推动和加速团队工作，并打破工作孤岛？

（3）是否存在我需要提前几年为之做准备的新职业，包括提前组织培训或招聘？

（4）我是否充分鼓励团队快速完成最初方案，并在运行中对其进行优化？我是否偶尔亲自使用这些方案？

（5）我是否与我的生态系统（合作伙伴、同行、当地机构、竞争对手、分支机构、学校和大学等）充分联系，以开发和共享培养未来技能的培训途径？

（6）我团队中的每一个成员是否都接受过数字和新技术方面的培训？

（7）公司的每一位员工是否都有正式的继续教育学习计划？

（8）我是否经常鼓励团队尽可能使用不同的创新工具（慕课、在线学习等）进行培训？

（9）公司的年终评估是否包括学习未来技能？

（10）我在定义舒适的工作空间和休闲空间上花费的精力是否和定义效率流程所投入的精力一样多？

第十章
前行中的第四次工业革命

看　点

- 我们误以为我们还有时间去适应，而第四次工业革命已然到来。

- 特斯拉主义的七个原则构成了一个连贯且不可分割的整体：如果缺少其中任意一个，则系统会变得效率低下，失去平衡，并危及长远发展。因此，这里用"模式"这一术语来命名该系统是合适的。

- 该模式并不局限于特斯拉，它与当前的许多公司相关，并有一天可能进一步影响更多公司。

1. 第四次工业革命就在此刻

我们误以为来日方长，而目前诸多迹象和预测已经表明，第四次工业革命已经到来。

首先，世界的连接密度的直接体现是全球产生和利用的数据量。Idate 在一份最新的报告 [1] 中估计，全球物联网设备数量将在 2030 年超过 360 亿大关。这个数字在 2010 年达到 40 亿，在 2018 年达到 150 亿。物联网作为主要数据产生源之一，其数据量的指数级增长或许可以解释与全球可用数据量有关的另一组统计数据：互联网数据中心（IDC）预计全球数据必要存储容量将从 2018 年的 20 泽字节（10^{21}）上升到 2020 年的 44 泽字节，这个数字有望在 2025 年达到 163 泽字节。该预测以 2013 年 4.4 泽字节为参考标准。数据量的增长是如此之大，以至于目前 90% 的可用数据量都是近两年产生的，而 2018 年每天产生的数据量和 2003 年之前人类产生的数据总量一样多。

其次，对未来科技已经实现或计划的投资同样具有呈指数级增长的趋势，这一点证明商业界对该领域的极大热情。例如，2000 年全球在机器人领域的投资达到 74 亿美元，2015 年达到 269 亿美元，根据预测 [2]，2025 年这一数据将达到 669 亿美元。

---

[1]　Idate, *Digiworld Yearbook 2017*, juin 2017.

[2]　BCG, *The Robotics Revolution*, 2015.

　　最后，政界受企业界思想的影响，进一步助推变革浪潮。德国 2011 年启动"工业 4.0"计划。美国 2013 年发布"国家制造业创新网络计划"（National Network for Manufacturing Innovation）。日本提出"互联工业"（Connected Industries）战略。韩国提出"制造业创新 3.0 策略"（Manufacturing Industry Innovation 3.0 Strategy）。中国提出"中国制造 2025"。法国提出"未来工业"（L'Industrie du futur）计划。意大利 2016 年末出台"卡伦达"（Calenda）计划。全球所有工业大国都已着手谋划，以支持工业向第四个工业时代转型。

　　无论在经济层面还是地理层面，高度集中已成为一种直观且可测量的数据。皮埃尔·维尔茨（Pierre Veltz）在他的著作《超级工业社会》（*La Société hyperindustrielle*）一书中给出了一组令人信服的例证。

　　目前，在全球范围内，10 个经济集群占全球 GDP 的 40%，占全球研发的 75%。纽约和东京的 GDP 总值与西班牙和瑞典的 GDP 相当。

　　在类似法国这样的国家，各地区之间高等教育毕业生的比例差距十分明显。在巴黎，高等教育毕业生占总就业人口的 57%，而整个法兰西岛的比例为 40%，图卢兹或里昂为 35%，里尔或斯特拉斯堡为 30%，整个上法兰西大区及阿尔萨斯－香槟－阿登－洛林大区的比例仅为 15% 到 20%。

　　针对诸如苹果手机等标志性产品，相关价值创造的分析同样具有指导意义。与苹果手机相关的工作岗位，1/3 位于美国，2/3 在美国以外的国家（主要是中国），但工资总额的 2/3 流向美国，中国仅占工资总额的 3%。

　　这些现象的重要程度和发展速度使每一个工业企业必须对其商业模式、价值创造来源以及工业体系进行深入反思。尤其是，在所有国家，人们都想知道如何将中小型企业的生产结构纳入这场变革运动之中。[1] 从这个角度来看，对特斯拉模式的分析具有一定的启发意义。

2. 特斯拉主义的三层次：一种系统模型

　　特斯拉主义的七个原则构成了一个连贯且不可分割的整体：如果缺少其中任意一个，则系统会变得效率低下，失去平衡，并危及长远发展。系统的维度主要取决它的三个代表性层次（见图 10.1）。

　　三层次的核心是人机学习。在第四次工业革命时代，工业系统能否发挥良好的性能主要取决于其核心与支柱之间的连接。人类比以往任何时候都更接近系统的核心位置，而他们快速学习的能力变得尤为重要。无论面对何种议题，最重要的是不断调整战略和运营策略，从而尽快利用机会。机器的数字接口越

---

[1]　Bpifrance Le Lab, *Dirigeants de PME et ETI face au digital*, 17 janvier 2018.

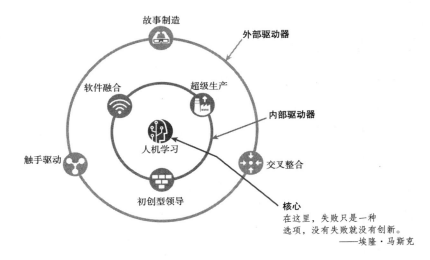

图10.1 特斯拉主义的三层次模型

资料来源：OPEO。

来越完善，人类在与机器的持续接触过程中，逐渐与周围的技术相融合，学习与人工智能协同工作，并从中汲取精华，并使公司的各个单位获得自主学习能力。因此，人类的发展是根本性的，他们持续获得新的技能，工业团队中的每一位成员都为推动系统的自主学习而做贡献。而"测试与学习"法的逻辑又给予个人或集体犯错的权利，只要错误迅速得到纠正。此外，要使系统保持平衡，必须加强社会对话，甚至将其扩展到公司及公司生态系统中的每一位利益相关者。

核心外围的第二层主要集中在公司内部组织和技术上，由第四次工业革命时代三个互补且缺一不可的维度组成。第一个维度是初创型领导，一种适应组织"扁平化"的新型管理模式，使公司的每位负责人、每个部门都能为一线员工提供服务。第二个维度是超级生产，即系统有能力加快自我更新的速度，顺利检查实体流程和信息流程，与公司的生态系统保持一致，并且尽可能贴近最终客户，最大限度地了解用户体验。最后，第三个维度是软件融合，它是不可或缺的技术载体，有助于公司大幅度提高运营效率，更好地从整个过程中受益。此外，更重要的是，公司可以通过软件融合，更好地了解用户的使用情况，从而设计出更适合用户需求的产品，或者推出创新服务。

　　核心和第二层由第三层支撑，这一层更具突破性，在战略上，主要面向公司外部。第三层同样包含三个维度，使公司通过与众不同的思维方式实现市场的"颠覆"。第一个维度是故事制造，即主要领导者激发团队能量的能力。领导者为公司设立一个超出常规商业使命的愿景，以此吸引人才，建立粉丝群。如果领导能够尽可能深入团队，起到表率作用，并为员工指明道路，展示如何在这个有时难以解读的复杂世界中克服遇到的艰难险阻，那么这种能量将得到更好的疏导。而要征服市场，这一不可或缺的愿景又以两个强大的装备力量为基础：交叉整合和触手驱动。一方面，公司通过最大化整合（通过收购，或发展内部技能，或公司不同业务部门之间或公司与合作伙伴之间建立更好的联系），更快响应外界波动；另一方面，触手驱动使公司最大化地利用新的网络商业渠道，尤其是数字平台，推动公司跳出最初的行业传统的思维框架，从而创造商业驱动力。

3. 三层次模型非特斯拉专属

特斯拉模式可能是迄今为止业界已知的最具突破性的模式之一，但它是一个孤立的案例吗？事实恰恰相反，特斯拉模式并不局限于特斯拉，因为为了应对第四次工业革命的新挑战，每家工业公司都必须采用这样的模式。因此，许多传统大型工业企业已经开始建立与特斯拉模式相似的系统，其结构与特斯拉模式的三层次非常相近。例如，米其林集团和玛氏集团，它们凭借其颠覆性战略和系统的一致性，已成为未来工业的典范。

企业案例：米其林集团（Michelin）
"凭借整体性战略而成为未来工业的先锋"

米其林集团是世界领先的轮胎制造商，以提升人类和货物的移动性为使命。为充分把握第四次工业革命带来的机会，米其林启动了全面转型计划，涉及战略、工业和商业方法。对于一家拥有100多年历史的公司，这样的转型并非第一次，米其林坚持审视自身，并从中寻找成功跨越新工业革命的方法，使公司变得更加强大。让·菲利普·奥利埃（Jean Philippe Ollier），米其林全球工程总监，为我们揭示了这次重大变革的主要影响。他先是在工业部门从业20年，先后担任研究办公室主管、工厂经理和工业总监。最近10年，他又先后担任米其林多个业务部门的总裁，包括米其林全球航空轮胎部及拉丁美洲业务部。对于米其林集团，第四次工业革命意味着"商业"和"竞争力"的双重机遇，让·菲利普·奥利埃基于他的多重身份，为我们详细解释这些机遇的来龙去脉。

树立工业与数字相结合的全局愿景，使轮胎变成一种资产

让·菲利普·奥利埃说："数字化意味着利用数据，从而更好地使用公司资产，更好地了解客户的使用情况，为客户提供更合适的服务。"只有先读懂米其林向未来工业转型的战略定义，才能了解当前转型是如何影响公司及其客户的。如今，轮胎逐渐成为联网和智能"设备"，并且可以就特定用途销售，而不再按件销售。例如，米其林推出按起落次数收费的航空轮胎，以及按行驶里程收费的卡车轮胎。这一重大变化的直接结果是，轮胎成为公司资产的一部分。这一策略极大地提高了公司对创新的重视程度，以改善轮胎性能，尤其是轮胎的使用寿命；同时，有效降低了产品的使用成本，优化了产品的费用；此外，通过延长产品的使用及确保轮胎的耐久性，回收成本也得以降低。

在创新的责任政策支持下，操作员成为数字化转型的核心人物

新方法除了具备上述优势，还意味着两组数据之间非常紧密的联系，即生产操作员日常的使用数据与客户在整个产品生命周期内的使用数据。因此，要确保这样的数字连续性，为厂内一线员工配备合适的数字接口非常重要。于是，为了促进生产车间数据的流通和使用，集团决定尽可能邀请一线员工参与到定义具体解决方案的过程中，让他们为定义数字接口和工具出谋划策。这种工作方式使操作员获得了新技能，收获了新角色，并承担了更重要的职责。为了推动这方面的改革，公司已经启动了诸多计划，将不少曾专属于上级领导或支撑部门的权力下放给一线员工，使其更加自主，如工业计划、新员工招聘、休假等。"当然，未来工厂是由能够承担更多责任的人组成的"，让·菲利普·奥利埃继续说道。要实现这一目的，必须建立坚实的基础。只有拥有强大的生产系统，才能顺利开启未来的冒险。于是"米其林生产模式"（Michelin Manufacturing Way）应运而生，其理念是如果将轮胎视为公司的资产，则需以工厂与集团供应链强大的管理和运营实践为基础，在产品的整个生命周期内对产品功能进行优化。

建立灵活的合作伙伴关系，采取量身定制的整合政策，以确保持续增长

为给生产系统提供支持，米其林在整合和分销方面制定了一套极具特色的双重战略。

作为一家历史上整合程度颇深的公司，米其林决定继续沿用这样的政策，但是会根据资产的战略层面，推广"量身定制"整合战术。因此，一方面，米其林继续开发有利于提升竞争力的机器；另一方面，针对无法帮助公司提升竞争优势的传统机器，米其林更愿意从合作伙伴那里直接采购。

在贸易和分销方面，米其林同样倾向于灵活的合作伙伴关系政策，以便充分利用经销商的网络优势，与最终客户保持联系。例如，米其林按起落次数或行驶里程销售轮胎时，需要合作伙伴进行现场分析并对轮胎进行维护。这项工作通常由当地经销商完成，使米其林能够通过产品服务策略，进入公司不具备竞争力的市场。让·菲利普·奥利埃指出："运输企业可能很难承担米其林高级轮胎的费用，但是如果你按行驶里程收费，对轮胎进行翻修，那市场将迎来重大改变。"

未来工业更是与社会的和谐统一

除了业务方面，让·菲利普·奥利埃还强调公司项目对社会的影响："减少20%的轮胎磨损，则意味着降低20%的轮胎消耗，降低20%的产能，降低20%的能源消耗，降低20%的原材料需求，以及降低20%的回收轮胎……整个社会将从中受益。"这种商业优势既是公司的形象体现，也是吸引年轻人才的一个因素。数字化也是如此，它使公司呈现出现代结构，具备良好的工作氛围。

为从第四次工业革命中受益，米其林建立的组织模式以人为本，专注学习；以强大的生产系统、赋权管理、面向产品服务的数字化战略以及量身定制的整合战术为根基；最终，与社会和谐统一。米其林模式是特斯拉主义的战略、技术和人三层次模型的典范。

企业案例：玛氏集团（Mars）下属 MyM&M's® 公司 "初创者，第四次工业革命时代的基因"

玛氏集团下属的 MyM&M's® 公司经历了一场华丽的冒险。作为一家新兴初创公司，MyM&M's® 诞生于食品加工行业最具规模的大型集团之一（玛氏集团），目前拥有40多名员工，是第四次工业革命时代的后起之秀。该公司能够按需求或按单位在极具竞争力的周期内，为最终客户定制生产 MyM&M's® 巧克力。

瓦莱利·麦茨迈耶（Valérie Metzmeyer），担任价值流经理，负责公司的流程管理和运营发展。她热情地带我们回顾了是什么造就了MyM&M's® 公司的优势和特性，以及其极具系统性的运营模式。

数字化让这家初创公司快速启动

即使工作了 30 年，但每当谈及玛氏集团在欧洲下属公司的启动，瓦莱利·麦茨迈耶的眼睛里依然闪耀着兴奋的光芒："公司首席执行官在美国发现了 MyM&M's® 概念，并立刻爱上了它。2006 年 3 月我们决定将这个概念引入法国，而仅仅在 9 个月后，法国项目便正式启动了。"在此之后，一切进展得非常迅速。得益于玛氏集团已经在美国广泛部署的印刷技术，法国 MyM&M's® 的工厂也可以快速生产 MyM&M's® 巧克力豆。在商业上，公司取得了巨大的成功，因为新模式使公司不再仅仅依赖于传统门店的购买驱动，而是通过多种渠道招募顾客，尤其是电子商务网站，为公司带来额外的驱动力。瓦莱利·麦茨迈耶说道："顾客为庆祝生活中的重要时刻，根据自己的喜好定制 MyM&M's® 产品，这样的产品承载着厚重的情感。"顾客完全参与到产品的创造过程中，按照自己的喜好定制颜色、图案、包装，甚至是周边产品。顾客与公司如此亲密的关系使他们产生一种真正的成就感。这家初创公司的收入在十年内增长了十倍！

生产实践的彻底改变

快速响应能力是公司实现非凡增长目标的重要前提，并使MyM&M's® 能够在极短的时间内完成货物交付。这样的成就并非一朝一夕之事，公司对工业组织、规划实践以及团队运行模式进行了不同于其他部门的彻底调整。例如，生产线的生产能力在旺季必须增加两倍，因此需要额外的操作人员，并要求他们快速提升技能。为了对他们进行培训，每一位员工都要做好充当示范员的准备，并将自己的技能传授给他人。除此之外，相关流程得到最大程度的简化，瓦莱利·麦茨迈耶继续说道："我们从精益思想中收获颇多，但这些还不够。在新世界，我们必须树立正确的心态，拥有坚定的价值观和持续自我质疑的能力。"整个过程并非总是那么容易，例如，让一个人改变他的工作节奏必定会对他的个人生活产生影响。因此，管理团队必须懂得倾听，善于解释，能够简化员工与业务支撑部门或工厂其他部门的关系。

坚定的价值观和对外开放的整合政策

从长远来看，除了领导模式，公司的独特之处还取决于其价值体系：质量、责任、互助、效率和自由，MyM&M's®公司的每一个基本价值都是公司文化的核心。公司的日常决策以这些价值为指导，以尊重同事以及合作伙伴，并赋予他们责任为前提。这样的运行模式使公司得以围绕特斯拉主义的三个层次疏导各方力量：鼓励员工使用新技术并不断学习；以强大的电子商务数字平台为基础，并用初创型模式整合各个职业；借助灵活且协作的"超级"生产工具管理和组织公司。

玛氏集团凭借其在法国不同的细分业务，成为一家非常具有吸引力的公司：2018年在"最佳职场"（Great-Place-to-Work®）的法国区排名中位列第三，在2017年"快乐实习生"（Happy Trainee）的排行榜中排名第一，当选最受实习生欢迎的公司。玛氏集团非常希望向更多人传达其业务范围和发展机遇。MyM&M's®公司能否引领集团未来的转型？时间会给我们答案。虽然公司目前取得的成就仅限于几个增长点，但毫无疑问的是，这是一次成功的经历，并进一步证明了第四次工业革命已经到来。

结　语

1. 第四次工业革命是人类进步吗？

　　第四次工业革命正在进行中，但这是一件好事吗？与往常一样，人们自然想知道技术的进步能否真正推动人类的进步。每一次工业革命都导致组织范式发生重大改变，以至于它既创造了颠覆性机会，又带来了威胁经济发展和人类福祉的巨大风险。面对改变，我们内心深处都有一股简单而自然的反抗力量，但除此之外，大家对革命现象的反应又不尽相同，毕竟相关的转变过于复杂。第四次工业革命同样难以打破这个规律。

　　首先，**用户经济是改善人与自然关系的绝佳机遇。**共享更多的消费品有助于减少消费，节约资源。但与此同时，对于这种可能与传统经济脱节的新行为，政府难以实施税收监管，社会就业面临不利因素，整个经济活动可能迎来重大风险。正如我们前面所提到的例子，Airbnb 创造了一个额外的市场，能够更好地平衡供需关系，更好地优化现有住房总量，并且从长远来看，能够减少最终所需的住房量。而且这个平台还可以提供交友机会，并帮助人们以不同的方式旅行。由此可见，Airbnb的出现对客户和房东都是绝佳机遇。但Airbnb的雇员人数为雅高酒店集团（AccorHotels）的1/25；其客户与房东进行直接交易，国家很难控制税务。这些难题又进一步催生了新的问题，例如，如何设计一个管理这些平台的创新系统？

其次，**人、机器以及产品的超级连接是改善人类生活质量的绝佳机遇**。在网络上一键下单；员工在家照顾孩子的同时，能够实现远程办公；召开视频会议，减少不必要的出行……而连接能够创造丰富的数据。大量的数据有利于工业企业不断创新，更了解客户的使用情况，从而更好地回应客户的期待；同时，还可以帮助企业优化生产流程，从而降低产品成本。但是，我们还是会担心这些转变是否会导致个人数据的滥用？如何清楚界定私人生活和职场生活？如何避免网络安全风险？要找到个人自由与新技术开辟的开放机会之间的平衡并不容易。

再次，**指数级进步使我们能够结合新技术开发出前所未有的新工具，或极大推进第三次工业革命已有概念的发展**。机器人通过自动化将人们从繁重的家务劳作中解放出来，使我们的日常生活更加舒适。公司利用3D打印大量简化复杂的流程，采取更接近客户的本土化生产战略，从而改善工业与环境之间的关系。技术进步可以成为新一代人充分发展的重要源泉，人们可以终身学习，从不断发展的技术中受益。但是，这些现象也会产生消极影响，例如，在创造新的就业动力之前，存在大规模失业问题。不过，对这个问题的分析是矛盾的，一方面，令人鼓舞的是，在机器人应用程度最高的国家，如德国（250 台机器人 /10000 人）、韩国（450 台机器人 /10000 人）、日本（350 台机器人 /10000 人），失业率很低；另一方面，从历史上来看，工业领域的岗位创造率低于 GDP 增长率，由此可见，工业产生的生产率收益一直高于各行业的平均水平。因此，技术进步不一定会产生就业机会，或至少不会产生直接就业机会。

最后，**超级连接本质上是一种分裂现象**。对于"身处系统"的人，即生活在世界十大集群或大城市、受过高等教育、会说好几种语言的人，这种现象肯定是机遇，因为它将人才集中在这个星球的少数区域，从而产生重大的经济和个人机会。而对于"系统外"的人，这种现象需要通过两个方面来抵消，一是公共政策，二是工业家自身意愿，即他们不愿意看到中心地区与外围地区的不平衡。几十年来，这些外围地区一直是哺育工业发展的天然场所。

如何保证变革的正确方向？正如上文所述，工业革命是一场涉及经济、技术和组织的三重运动。对于经济和技术潜在的不平衡发展，组织模式是天然的调节器。它为人类定义一个发展框架，使个人或团体在工作中得到充分发展，为社会创造协同价值。因此，组织模式的重要性远远超出经济框架，是维持第四次工业革命各种力量平衡的关键之一。然而，各个公司的不同行业和文化背景以及发展轨迹催生出很多的组织模式，那么特斯拉模式能否脱颖而出，担当目标模式的重任？

2. 特斯拉主义是第四次工业革命的正确组织模式吗？

正如我们在本书中所介绍的，特斯拉模式是一种极具突破性的模式，它的整体一致性是它强大力量的来源。它所提供的商业模式具有责任感，注重效率，专注于移动性和能源，能够完美应对第四次工业革命的四大挑战。

然而，该模式并非完美，从特斯拉的财务状况便可窥见一斑。2017 年底，特斯拉公司的债务是自持资金的 5 倍，尽管营业收入增长了 55%，但公司全年运营亏损达到 19 亿美元。许多分析家认为，特斯拉市值一度赶超福特或雷诺，其估值可能存在投机泡沫。特斯拉 2016 年的汽车销量为 7.6 万台，2017 年为 10 万台，相比之下，其竞争对手的年销量能够达到 1000 万台。

2018 年，特斯拉运营迎来关键时期，Model 3 产能爬坡速度低于预期，主要原因是动力总成生产线早期过度迷信自动化（据我们所知的情况）。埃隆·马斯克与其他汽车制造商相反，他一开始大规模实施自动化，然后又在自动化行不通的工位恢复手工操作，这一度导致市场对其失去信心。未来，能否成功从豪车市场进军大众市场将是特斯拉再度赢得市场信心的关键。正如埃隆·马斯克所解释的那样，他的目标是比竞争对手快5~10 倍，达到 5 秒下线一台车的生产能力。目前，世界上汽车行业最快的生产速度大约为 30 秒一台车，如果埃隆·马斯克成功实现自己的目标，那些质疑特斯拉是否能颠覆整个汽车生产界的声音也会消失。不过，在生产线问题解决之前，这一切还言之过早。

而社会层面，Business Insider[①]（美国知名科技博客、数字媒体创业公司、在线新闻平台。—译者注）的一篇文章曾揭示，特斯拉弗里蒙特工厂在 2014 年和 2015 年期间发生大量工业事故（美国事故率最高的工厂之一），员工对埃隆·马斯克的专横风格有诸多抱怨，导致大量员工流失，尤其是开发工程师。

最近有人对埃隆·马斯克的核心价值——公司的存在理由提出批评。麻省理工学院 Trancik 实验室比较了 Model S 和其他两款燃油车在整个生命周期内的总二氧化碳排放量，并对特斯拉电动汽车的生态效益提出质疑。尽管专家们在这一问题上存在很大分歧，但值得一提的是，列日大学教授达米恩·恩斯特（Damien Ernst）[②] 提到电动汽车和燃油汽车的总排放量分别为 80

---

① Julia Carrie Wong, 18 May 2017.
② Cité in Robert Van Apeldoorn, *Trends-Tendances*, 11.01.2018.

克 / 公里和 115 克 / 公里。特斯拉树立的品牌形象对其成功至关重要，而这些争议只会导致它的形象受损。

3. 特斯拉主义是一种超越特斯拉个例的模式

将特斯拉主义等同于特斯拉品牌是错误的，正如我们在本书中所阐述的那样，许多第四次工业革命的代表性企业都凭借特斯拉主义七大原则中的一个或多个而脱颖而出。而埃隆·马斯克也曾经说过，即使他的项目失败，但仍不失为一种成功，因为最重要的是它所产生的推动力量。

第三次工业革命以来的 40 年间，许多工业企业受到丰田模式的启发，并采用了其关键原则。但是他们也对运营和管理系统进行了调整，使其与公司文化和所处行业完美契合。

特斯拉主义的使命是颠覆丰田主义，成为第四次工业革命时代的目标模式。第三次工业革命期间，众多工业家争先恐后思考如何从目标模式中获得启发，而现在，是时候考虑如何从特斯拉模式中受益了。这是一个经济呈指数级发展的新时代，每一天都很重要。即使面临犯错的风险，也要勇敢行动起来，而不是原地等待。特斯拉主义并不是终结，而是每个人平等进入第四次工业革命时代的灵感源泉。

参考文献

资料来源

"The Future of Manufacturing, 2020 and beyond", *Industry Week*, 2016.

BCG, *The Robotics Revolution*, 2015.

Bpifrance Le Lab, *Dirigeants de PME et ETI face au digital*, 17 janvier 2018.

Deloitte, *2016 Global Manufacturing Competitiveness Index*, 2016.

Fabernovel, *Tesla, Uploading the future*, 2018.

Christophe Guilluy, *La France périphérique*, Flammarion, 2014.

Idate, *Digiworld Yearbook 2017*, juin 2017.

Jeffrey Liker, "Tesla vs. TPS: Seeking the Soul in the New Machine", *The Lean Post*, 2 mars 2018.

McKinsey Global Institute, *Manufacturing the Future: The Next Era of Global Growth and Innovation*, November 2012.

Geoffrey G. Parker, Marshall W. Van Alstyne, Paul Choudary Sangeet, *Platform Revolution*, W. W. Norton & Company, 2016.

PwC, *21st CEO Survey*, 2018.

PwC, *Global Industry 4.0 Survey*, 2016.

Michaël Valentin, *The Smart Way. Excellence opérationnelle, profiter de l'industrie du futur pour transformer nos usines en pépites*, Lignes de Repères, 2017.

Ashlee Vance, *Elon Musk. Tesla, Paypal, SpaceX : l'entrepreneur qui va changer le monde*, Eyrolles, 2016.

Pierre Veltz, *La Société hyperindustrielle, La République* des idées, Seuil, 2017.

James P. Womack, Jones Daniel T., Roos Daniel, *The Machine That Changed the World*, Free Press, 1990.

延伸阅读文献

Alec Ross, *Les Industries du futur*, FYP Editions, 2018.

Anton Frison, *Impact of Industry 4.0 on Lean Methods*, autoédité, 2015.

Daniel Cohen, *Le Monde est clos et le désir infini*, Albin Michel, 2015.

David Rock, *Votre Cerveau au bureau*, InterEditions, 2013.

Dorothée Kohler, Jean Daniel Weisz, *Industrie 4,0, les défis de la transformation numérique du modèle industriel allemand*, La

Documentation française, 2016.

Eric Schmidt, Jared Cohen, *The New Digital Age*, John Murray, 2013.

Erik Brynjolfsson, McAfee Andrew, *Le Deuxième Âge de la machine*, Odile Jacob, 2015.

Isaac Getz, Brian M. Carney, *Liberté & compagnie*, Fayard, 2012.

Jean-Baptiste Rudelle, *On m'avait dit que c'était impossible*, Stock, 2015.

Jean-Gabriel Ganascia, *Le Mythe de la singularité*, Le Seuil, 2017.

Jean Tirole, *Économie du bien commun*, Puf, 2016.

John Drew, Blair McCallum, Stefan Roggenhofer, *Journey to Lean*, Palgrave McMillan, 2004.

Klaus Schwab, *La Quatrième Révolution industrielle*, Dunod, 2017.

Lionel Naccache, *L'Homme réseau-nable*, Odile Jacob, 2015.

Max Blanchet, *Industrie 4.0, nouvelle donne industrielle, nouveau modèle économique*, Lignes de Repères, 2016.

Max Blanchet, *L'Industrie France décomplexée*, Lignes de Repères, 2013.

Thomas Piketty, *Le Capital au xxie siècle*, Le Seuil, 2013.

Viktor Mayer-Schonberger, Kenneth Cukier, *Big Data: la révolution des données est en marche*, Robert Laffont, 2014.

致　谢

　　这本书的写作算得上是一次集体冒险，得益于与许多人的合作，尤其是与我的同事、行业领导者、特斯拉员工和合作伙伴的密切合作。有了他们，这本书才得以完成并最终出版。我要特别感谢所有帮助我启动和完成该书的人，所有从书稿早期的构思阶段到实地研究分析和书稿编辑阶段都在为我提供帮助的人。

　　我首先要感谢查尔斯·布伊格（Charles Bouygues）在我在硅谷组织采访时给予的帮助和努力。还要特别感谢雷南·德维利埃（Renan Devillières）对"软件融合"的来龙去脉的特殊见解，感谢大卫·马歇诺（David Machenaud）给予的慷慨支持，感谢拉斐尔·哈达德（Raphaël Haddad）帮助我确定这本书的框架结构。

　　感谢所有同意接受采访的人和公司，他们教给我大量关于这个主题的技术和人员方面的知识。

　　感谢所有间接参与这本书写作的同事弗雷德里克·桑德伊（Frédéric Sandei）、菲利普·格兰杰克（Philippe Grandjacques）

和格雷戈里·里沙（Grégory Richa）。

感谢奥迪·里奇（Odile Ricour）和阿德莱·德·勒查（Adélade Lechat）给予的帮助；感谢比达内·贝蒂亚（Bidane Beitia）、洛来娜·拉法尔格（Laurène Laffargue）、苏伊齐克·奥杜因（Soizic Audouin）、阿比尔·布鲁诺（Abir Bruneau）、丹尼斯·马赛（Denis Masse）、安东尼·图潘（Antoine Toupin）、罗宾·塞拉德（Robin Cellard）、大卫·费尔南德斯（David Fernandez）、克莱门特·尼森（Clément Niessen）、昆汀·拉勒芒（Quentin Lallement）、哈迪·马海恩尼（Hadi Mahihenni）、阿纳斯·哈姆利奇（Anass Khamlichi）、罗曼·皮格（Romain Pigé）、让·巴普蒂斯特·西贝尔（Jean Baptiste Sieber）和塞巴斯蒂安·德斯布瓦（Sébastien Desbois），他们非常具体地帮助我联系特斯拉，更确切地说，特斯拉就是未来工业的灯塔。

感谢朱莉·埃尔莫克拉尼·托马森（Julie El Mokrani Tomassone）、埃斯特·威勒（Esther Willer）和克洛伊·塞巴赫（Chloe Sebagh）在阅读、改进和传播这本书方面的帮助和热情。

最后，我要感谢玛丽－劳尔·卡希尔（Marie-Laure Cahier）对这本书的最后审读提供了不可或缺的支持，感谢纪尧姆·克拉皮耶（Guillaume Clapeau）、奥雷利娅·科万（Aurélie Cauvin）对这本书的实际编辑工作给予的帮助，并感谢我的出版商让－巴蒂斯特·古格（Jean-Baptiste Gugès）的信任。

图书在版编目（CIP）数据

特斯拉模式：从丰田主义到特斯拉主义，埃隆·马斯克的工业颠覆 /（法）迈克尔·瓦伦丁著；陈明浩译. -- 北京：社会科学文献出版社，2019.8（2024.7重印）（思想会）
ISBN 978-7-5201-5068-2

Ⅰ.①特… Ⅱ.①迈… ②陈… Ⅲ.①汽车工业-工业企业管理 Ⅳ.①F407.471

中国版本图书馆CIP数据核字（2019）第122776号

·思想会·

特斯拉模式
从丰田主义到特斯拉主义：埃隆·马斯克的工业颠覆

著　　者 /［法］迈克尔·瓦伦丁（Michaël Valentin）
译　　者 / 陈明浩

出 版 人 / 冀祥德
责任编辑 / 祝得彬　吕　剑
责任印制 / 王京美

出　　版 / 社会科学文献出版社·文化传媒分社（010）59367004
　　　　　地址：北京市北三环中路甲29号院华龙大厦　邮编：100029
　　　　　网址：www.ssap.com.cn
发　　行 / 社会科学文献出版社（010）59367028
印　　装 / 三河市东方印刷有限公司

规　　格 / 开　本：880mm×1230mm 1/32
　　　　　印　张：6.75　字　数：124千字
版　　次 / 2019年8月第1版　2024年7月第5次印刷
书　　号 / ISBN 978-7-5201-5068-2
著作权合同
登 记 号 / 图字01-2019-1989号
定　　价 / 68.80元

读者服务电话：4008918866